国家出版基金项目
NATIONAL PUBLICATION FOUNDATION

新农村建设中
文化遗产保护的
理论与实践

XIN NONG CUN JIAN SHE ZHONG
WEN HUA YI CHAN BAO HU DE
LI LUN YU SHI JIAN

王琳 著

天津社会科学院出版社

图书在版编目（ＣＩＰ）数据

新农村建设中文化遗产保护的理论与实践 ／ 王琳著
. -- 天津 ：天津社会科学院出版社，2017.12
ISBN 978-7-5563-0437-0

Ⅰ．①新… Ⅱ．①王… Ⅲ．①农村－文化遗产－保护
－研究－中国 Ⅳ．①K203

中国版本图书馆 CIP 数据核字(2017)第 327464 号

新农村建设中文化遗产保护的理论与实践
XINNONGCUN JIANSHEZHONG WENHUA YICHAN BAOHU DE LILUN YU SHIJIAN

出版发行：天津社会科学院出版社
出 版 人：钟会兵
地　　址：天津市南开区迎水道 7 号
邮　　编：300191
电话/传真：（022）23360165（总编室）
　　　　　　（022）23075303（发行科）
网　　址：www.tass-tj.org.cn
印　　刷：高教社（天津）印务有限公司

开　　本：787×1092　毫米　　　1/16
印　　张：23
字　　数：330 千字　　　　　　插图：216 幅
版　　次：2017 年 12 月第 1 版　2017 年 12 月第 1 次印刷
定　　价：58.00 元

农村文化遗产是我们民族的根和灵魂

目　　录

绪

论

第一节　选题的由来及相关概念的界定

中国是一个伟大的文明古国,历史悠久、幅员辽阔,文化板块众多,孕育出缤纷灿烂、风情各异的民族、民间文化。至今,在中国的广大农村仍保持有极其丰富的历史记忆和文化根脉。据国家文物局和文化部调查,中国文化保护单位约有 70000 个,其中半数以上分布在农村。因此,我们可以说,中华民族的物质文化遗产及非物质文化遗产大部分在农村。它是中华民族重要的精神文化财富之一,是民族历史文化和精神情感之根。

一、选题的由来

2005 年,党中央做出建设社会主义新农村的伟大战略部署,这是提高农业综合生产力、建设现代化农业的重要举措。其重点是加强村镇建设和环境整治,发展农村各项社会事业,加强农村精神文明建设,使农村整体面貌有较大改观,从而达到提高农民生活质量、缩小城乡差别、实现共同富裕的目标。社会主义新农村建设是中国现代化进程中的重大历史任务,必将给我国广袤的农村地区带来翻天覆地的变化。在新农村建设全面铺开的新形势下,农村文化遗产保护问题也日益彰显其重要性。

随着中国加入国际经济体系,经济全球化不可避免地对中国产生重大影响。与此同时,中国现代化进程加快,中国农村的文化生态也正在发生着巨大变化,文化遗产及其生存环境受到不同程度的威胁。表象一:不少历史文化街区、村镇、古建筑、古遗址及风景名胜区整体风貌遭到破坏;表象二:文物非法交易、盗窃和盗掘古遗址、古墓葬以及走私文物的违法犯罪活动在一些地区还没有得到有效遏制,大量珍贵文物流失境外;表象三:由于过度开发和不合理利用,许多重要文化遗产消亡或失传;表象四:在文化遗存相对丰富的少数民族聚居地区,由于人们生活环境的变化,民族或区域文化特色消失速度加快。

为此,国务院发出"加强文化遗产保护刻不容缓"的号召:要求各级人民政府和有关部门要从对国家和历史负责的高度,从维护国家文化安全的高度,充分认识保护文化遗产的重要性,进一步增强责任感和紧迫感,切实做好文化遗产保护工作。

我国农村文化遗产保护的现状怎样?管理水平如何?存在哪些问题和漏洞?文化遗产保护体制怎样改革?怎样构建更加科学的保护体系?这些问题是本书要探讨的重点内容。

二、相关概念的界定

1. 关于农村文化遗产保护的理论界定

2005 年,党中央做出建设社会主义新农村的伟大战略部署后,国务院又出台了《关于进一步加强农村文化建设的意见》(2005 年 11 月),提出要充分认识加强农村文化建设的重要性和紧迫性。中国历史文化遗产数量众多,目前已知的不可移动文物达 40 余万处,其中近 7 万处被命名为文物保护单位,且半数以上分布在村、镇。其中,乡土建筑是我国数量最多、文化内涵最丰富的文化遗产之一。随着新农村建设试点工作的铺开,文化遗产保护

工作将面临更多的问题,做好社会主义新农村建设时期的文化遗产保护工作已迫在眉睫。

2. 关于农村文化遗产保护的空间外延概念

中国目前的国土行政隶属级别划分成中央、省(直辖市、自治区)、地市级、县级、乡级、村级。截至 2012 年底,中国有 34 个省级行政区,2856 个县级行政区划单位,41658 个乡级行政区划单位,662238 个(不含港澳台)村级行政单位①。村是中国最基层的行政单位。中国在保护文化遗产和文物领域方面实行分级管理制度,即按行政区划定为中央、省(自治区、直辖市)、地市、县四级管理。本书的研究对象为"农村文化遗产保护",在空间范围上包括《中国文化文物统计年鉴》的四级统计指标中的"县级"和县级以下,涵盖了县、镇、村所代表的广大农村地区。始于 2007 年 4 月的全国"第三次文物大普查",以 2871 个县级单位为对象(2012 年底为 2856 个),历时 5 年,普查结果为我国有不可移动文物 766722 处,其中半数以上在农村。

3. 关于"农村文化遗产"保护的理论内涵

总体上看,文化遗产的内涵根据其形态表现可分为物质文化遗产(在我国通常称为文物)和非物质文化遗产。中国的文化遗产大多是农业文明的产物。由于非物质文化遗产的产生、传承过程与传统的生产生活方式紧密地联系在一起,因此,农村是当前各类非物质文化遗产保留数量最多、传承最广泛的地方。

农村文化遗产是指在农村地区形成的并世代相承的、与群众生活密切相关的各种传统文化的表现形式和文化形态。包括文物、非物质文化遗产和历史文化名镇(村),以及村落所处区域的自然、人文环境,区域内的人及其传统行为模式等。依据农村文化遗产所具有的核心价值属性,本书将农

① 中华人民共和国民政部编:《中华人民共和国行政区划简册·2012》,中国地图出版社 2012 年版。

村文化遗产划分为农业文化遗产、乡土建筑遗产和民俗文化遗产。农业文化遗产主要包括农业遗址、农业工程、农业文献、传统耕作技术与农具、农作物品种、传统农业品牌、特色农业景观等文化遗产项目。农村的乡土建筑遗产主要包括特色民居、乡土宗教祭祀地、乡土道路设施、乡土生活设施、乡土文化娱乐场所、乡土建筑小品、传统村落景观等多种类别。

物质文化遗产是指存在于农村地区的具有历史、艺术和科学价值的文物,包含不可移动文物和可移动文物。古遗址、古墓葬、古建筑、石窟寺、石刻、壁画、近现代重要史迹的代表性建筑,在建筑式样、与环境景色结合方面具有突出价值的历史文化村镇属于不可移动文物;历史上各时代的重要实物、艺术品、文献、手稿、图书资料等属于可移动文物。

非物质文化遗产是指存在于农村地区的民俗、民族语言、生活民居、民间文学、民间美术、民间音乐、民间舞蹈、民间戏剧、民间曲艺、民间杂技和各种传统技艺等。依据联合国教科文组织的最新标准,水下遗产、线性遗产和

农业遗产等,也适用于本课题。

4. 非物质文化遗产与民俗的区别与联系

非物质文化遗产,也有国家称"无形文化财",这只是翻译上的区别。它是人类在对文化遗产认识中提出的一个新概念,内涵极其丰富。为了准确揭示它的含义,联合国教科文组织曾广泛征询专家意见,反复修正。在《非物质文化遗产保护公约》中是这样表述的:非物质文化遗产,是被各社区、群体、有时是个人,视为其文化遗产的各种实践、展现、表达、知识和技能,以及与之相关的工具、实物、手工制品和文化空间;各社区、各群体为适应他们所处的环境,为应对他们与自然和历史的互动,不断使这种代代相传的非物质文化遗产得到创新,同时也为他们自己提供了一种认同感和历史感,由此促进了文化的多样性和人类的创造力。根据《中华人民共和国非物质文化遗产法》规定:非物质文化遗产是指各族人民世代相传并视为其文化遗产组成部分的各种传统文化表现形式,以及与传统文化表现形式相关的实物和场

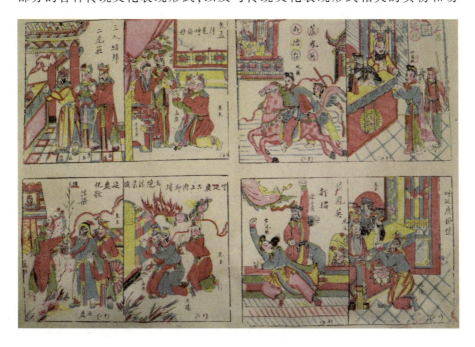

所。包括:(1)传统口头文学以及作为其载体的语言;(2)传统美术、书法、音乐、舞蹈、戏剧、曲艺和杂技;(3)传统技艺、医药和历法;(4)传统礼仪、节庆等民俗;(5)传统体育和游艺;(6)其他非物质文化遗产。属于非物质文化遗产组成部分的实物和场所,凡属文物的,适用《中华人民共和国文物保护法》的有关规定。具体来说主要涉及以下5大类内容:(1)口头传统,包括作为无形文化遗产媒介的语言;(2)表演艺术;(3)社会实践、仪式礼仪、节日庆典;(4)有关自然界和宇宙的知识和实践;(5)传统手工艺。

这些要素互相关联,有机地存活于社区或群体之中,构成非物质文化遗产的生命环链。在历时向度上,则包含它由生成、传承,到创新演进的全部过程,标示出生生不息的深层生命运动和丰富久远的文化内涵。应该说,这样的解释是比较全面、科学的。这里核心之点,是道出了非物质文化遗产的"生命"本性。如果沿着这一方向深入考察,可以归纳为以下几项特征:活态性、民间性、生活性、生态性①。

在国务院先后公布的两批国家级非物质文化遗产目录中,将非物质文化遗产分为十类:民间文学、民间音乐、民间舞蹈、传统戏剧、曲艺、杂技与竞技、民间美术、传统手工技艺、传统医药、民俗。所以民俗是被划分到非物质文化遗产的下面,也就是说非物质文化遗产涵盖了民俗。从另一方面看,中国民俗的分类也有十大类:包括巫术民俗、信仰民俗、服饰、饮食、居住民俗、建筑民俗、制度民俗、生产民俗、岁时节令民俗、生仪礼民俗、商业贸易民俗和游艺民俗。在这些民俗中,有很多的民俗文化就是非物质文化遗产。非物质文化遗产的很多方面又可以归到民俗下面。民俗文化和非物质文化遗产的关系不是绝对的,二者不仅仅是谁包含了谁,谁涵盖了谁的关系,二者也是相互融合,相互交织在一起的。很多时候二者涉及的对象基本一致,但

---

① 贺学君:《关于非物质文化遗产保护的几点理论思考》,《江西社会科学》2005年第2期。

并不一定就是一回事。民俗文化包含了许多非物质文化遗产的内容。

三、选题研究的意义

开展农村文化遗产保护的研究对我国文化遗产保护事业发展、对推进中华文明有着重要的意义。

第一,农村文化遗产的保护与构建社会主义和谐社会有着密切的关系。我国文化遗产蕴含着中华民族特有的精神价值、思维方式、想象力,体现着中华民族的生命力和创造力,是各民族智慧的结晶,也是全人类文明的瑰宝。保护农村文化遗产,保持民族、民间文化的传承,是联结民族情感的纽带,是增进民族团结和维护国家统一及农村社会稳定的重要文化基础,也是维护世界文化多样性和创造性,促进人类共同发展的前提。加强文化遗产保护,是建设社会主义新农村先进文化,构建社会主义和谐社会的必然要求。

在新的历史阶段,加强农村文化遗产保护也是全面建设小康社会的内在要求,是树立和落实科学发展观、构建社会主义和谐社会和和谐文化体系的重要内容,是满足农民群众多层次精神需要的有效途径;其对于提高党的执政能力和巩固党的执政基础,促进农村经济发展和社会进步,实现农村物质文明、政治文明和精神文明协调发展,具有重要的现实意义和长远的历史意义。

第二,大力提升文化生产力水平。文化与经济是不可分割的整体,文化遗产也是重要的生产力,应以科学发展观来规划拥有几千年文化积淀的农村文明的未来。实践证明,无论是农业的发展、农村的进步,还是农民的致富,都离不开文化的哺育和支撑。推动农村建设走上健康文明发展道路,必须大力发展包括文化遗产保护在内的各项社会事业,在社会主义新农村建设中,不仅要保护好文化遗产,还要有效利用遗产的内在价值,使之成为文化生产力重要的原动力之一。

第三,在学术研究上推进农村文化遗产保护的理论与方法。目前国内鲜见农村文化遗产保护的专门著作及相关研究,该项研究可为完善我国文化遗产保护体系,提升我国文化遗产保护管理水平,为当代新农村建设中出现的文化保护问题提供理论支持;为构筑完善的农村公共文化服务基础体系,为传承中华传统文化精粹,与世人共享珍贵的文化遗产,也为丰富世界文化宝库提供有益的帮助。

第二节 国内外研究现状综述

一、世界文化遗产保护研究综述

20世纪以来,国际社会以联合国教科文组织世界遗产委员会为核心展开了大规模的文化遗产保护运动,该运动主要由以下方面构成:

第一,构筑了文化遗产保护的法律体系。第二次世界大战之后,鉴于战争的破坏,国际社会共同签署了许多关于保护文化遗产的公约,以此形式来约束破坏文化遗产的行为,其中具有代表性的条约有:《武装冲突情况下保护文化财产公约》(1954.5.14)、《关于适用于考古发掘的国际原则的建议》(1956.12.5)、《关于保护景观和遗址的风貌与特性的建议》(1962.12.11)、《国际文化财产保护与修复研究中心章程》(1963.4.24)、《关于保护受到公共或私人工程危害的文化财产的建议》(1968.11.19)、《关于禁止和防止非法进出口文化财产和非法转让其所有权的方法的公约》(1970.11.14)、《保护世界文化和自然遗产公约》(1972.11.16)、《关于历史地区的保护及其当代作用的建议》(1976.11.26)、《关于保护可移动文化财产的建议》(1978.11.28)、《佛罗伦萨宪章》(1982.12.15)、《保护历史城镇与城区宪章》(1987.10)、《考古遗产保护与管理宪章》(1990.10)、《保护水下文化遗产公约》(2001.11.2)、《保护非物质文化遗产公约》(2003.10.7)、国际统一私法协会《关于被盗或者非法出口文物的公约》(1995.6.24)等,这些公约成为各国保护本国文化遗产的法律依据。

第二,将文化保护研究与文化保护行动结合起来。目前联合国教科文组织已经建立了文化遗产保护体系,包括:物质文化遗产保护体系、非物质文化遗产保护体系、自然遗产保护体系,以及文化与自然混合遗产保护体系,有 300 多个国家参加了该组织,同时以国际文化保护会议审视文化遗产保护管理进程、世界文化遗产保护涌现的问题以及破解的方法,以此推动世界文化遗产保护行动。从 1978 年申报遗产开始,截至 2013 年 6 月第 37 届世界遗产委员会大会在巴黎联合国教科文组织总部闭幕,《世界遗产名录》收录的全球世界遗产总数已增至 981 项。根据最新统计,全球共有 759 项世界文化遗产(含文化景观遗产),193 项自然遗产,29 项文化与自然双遗产。在世界文化遗产保护中,最具代表性的、并获得丰富的保护经验的是意大利、西班牙、法国、美国、埃及、德国、泰国、阿根廷、日本等。

第三,国际社会的文化遗产保护研究大体经历了三个阶段:第一阶段,各国从民族主义的意义上认识到保护本国文化遗产的重要性,以意大利、法国、西班牙等为代表;第二阶段,随着全球经济一体化发展,各国开始调整文化民族主义与文化全球主义的关系,向世界性、全人类文化遗产的认识转变,如法国、加拿大、新加坡等;第三阶段,在认识到文化中心主义的学理缺陷和实践危害之后,多元文化主义兴起;人们认识到产生于不同文化和社会体制历史中的多元文化是启迪人们的思想、促进世界文明发展的重要源泉,以美国、日本、中国、韩国、俄罗斯等国家为代表。总结起来,其代表性观点是:文化遗产是人类共同拥有的历史沉积与结晶;是各个民族和国家维护文化身份和文化主权的基本依据。为保护世界文化的多样性,给后代人留存丰富的民族文化资源,并有效地促进人类文化的可持续发展,必须保护文化遗产。文化多样性在现代社会中彰显为不同的现代化模式,保护各民族文化遗产,就是展示世界现代化之路,就是丰富世界文化宝库。

第四,联合国教科文组织将研究成果付诸实践。1977 年,联合国教科文组织世界遗产委员会提出了评审世界文化遗产的范围:①文物;②建筑群;③遗址。世界自然遗产包括:①地质和生物结构的自然面貌;②濒危动植物生态区;③天然名胜。1992 年,联合国教科文组织世界遗产委员会第 16 届

会议又提出把"文化景观遗产"纳入《世界遗产名录》中,专门出台《保护世界文化与遗产公约》。文化景观遗产包括:①园林和公园景观;②有机进化的景观(人类历史演变的物证);③关联性文化景观。1992 年,联合国教科文组织启动了一个世界文化遗产的延伸项目——世界记忆文献遗产(也叫"世界记忆工程"),目的是抢救和保护文献记录,使人类的记忆更加完整。1998年联合国教科文组织通过决议设立"非物质文化遗产"评选,以便保护文化的多样性,激发创造力。该体系与保护物质文化遗产是并列项目,一般也视作世界遗产的整体内容。1998 年奥地利塞默林铁路、1999 年印度大吉岭喜马拉雅铁路被列入世界遗产名录,延伸出一个"线性文化遗产"类型。2002年,联合国粮农组织与开发计划署、全球环境基金设立全球重要"农业文化遗产"项目(GIAH)。2009 年,湿地国际联盟组织开展国际湿地纳入世界遗产保护战略,设立"湿地遗产"项目。至此,世界遗产体系基本涵盖了人类的全部文明历史。

国内近年出版了不少关于国外文化遗产保护的研究成果，主要有：张杰、吕舟的《世界文化遗产保护与城镇经济发展》，林志宏的《世界文化遗产与城市》，邵甬的《法国建筑城市景观遗产保护与价值重现》，杭州师范大学人文学院副教授李冈原的《意大利历史文化遗产保护刍议——以威尼斯为个案》和北京联合大学顾军的《法国文化遗产保护运动的理论与实践》。这些研究成果是关于国外文化遗产保护的著作，重点探讨文化遗产保护与经济发展的关系。

二、国内文化遗产保护研究综述

关于中国文化遗产保护的研究成果主要体现在以下几个方面：

第一，关于城市文化遗产的成果。如故宫博物院院长单霁翔教授在2006年出版了《城市化发展与文化遗产保护》一书，该书正视中国的乡村正在逐步城市化，"文化生态"发生巨大变化，城镇化建设热潮及旅游热等使文化遗产受到严重威胁的现实，强调反对过度开发和不合理利用，必须意识到

今日中国加强文化遗产保护已经到了刻不容缓的地步。2010 年,单霁翔在科学出版社出版了《留住城市文化的"根"与"魂"——中国文化遗产保护的探索与实践》。该书是作者在国内外多个关于文化遗产及其保护的会议上所做的 24 篇相关著述的汇集,其内容以文化遗产保护和城市现代化建设之间的关系如何协调、如何改善为主旨。单霁翔还与清华大学的刘伯英共同主编了由清华大学出版社出版的《中国工业建筑遗产——调查、研究与保护》一书。这些著作重点探讨了文化遗产保护和城市文化建设之间的关系如何协调、如何发展的问题。

第二,关于非物质文化遗产方面的成果。主要的专著有:王文章的《非物质文化遗产保护研究》,宋俊华和康保成等人主编的《中国非物质文化遗产保护发展报告》。关于非物质文化遗产的论文主要有:中国社会科学院文学研究所研究员贺学君在 2005 年写的《关于非物质文化遗产保护的几点理论思考》,北京师范大学文学院民俗典籍文字研究中心萧放写的《关于非物质文化遗产传承人的认定与保护方式的思考》。

华中师范大学国家文化产业研究中心的黄永林和谈国新合著的《中国非物质文化遗产数字化保护与开发研究》认为数字化技术在非物质文化遗产保护与传承中具有重要作用,建议数字化技术在非物质文化遗产保护与传承中深度开发与运用,同时还要处理好以下四方面的关系:数字化技术与文化生态平衡;数字化技术与多学科交叉融合;数字化技术与复合型人才培养;数字化技术与文化产业发展的关系。华东师范大学社会发展学院民俗学所王立阳发表的《"传统"之合法性的构成——中国非物质文化遗产保护的话语分析》一文,从传统之合法性角度,探讨非物质文化遗产运动的话语构成问题。作者认为:非物质文化遗产保护运动形成了一个话语场域,透过对话重新确认了传统的合法性,在此场域内不同的文化主体可以交流、冲突、磨合、理解,并借此形成意义的共享,朝向一个中国社会的公共文化体系。

程乾和凌素培在《中国非物质文化遗产的空间分布特征及影响因素分析》一文中,对中国非物质文化遗产的空间分布进行了研究。他们认为:中国非物质文化遗产呈带状、组团状分布,分布不均衡。从东西方向看,非物质文化遗产呈组团状分布在东部(尤其是东部沿海地区)和中部地区,而西部相对稀少,呈现西疏东密的空间分布形态;从南北看,南方分布数量与密度均大于北方,且主要分布于长江流域。中国社会科学院刘魁立在《论全球化背景下的中国非物质文化遗产保护》一文中指出:对于非物质文化遗产的保护应该贯彻整体性原则,从整体上加以认识,进行整体性的保护。从根本意义上说,非物质文化遗产的保护,首先应该是对创造、享有和传承该文化遗产的人的保护;同时,对这一遗产的切实有效的保护,也特别依赖于创造、享有和传承这一遗产的群体。促进和保护文化的多样性发展,才是我们努力追求的目标。这些文章都对我国非物质文化遗产进行了一些研究,其中有部分内容涉及了农村文化遗产保护问题。

第三,关于自然文化遗产、传统村落和少数民族地区的文化遗产等方面的研究成果。如北京大学城市与环境学院陈耀华的《中国自然文化遗产的价值体系及其保护利用》。该书分析了我国自然文化遗产在保护和利用中有关遗产性质、资源性质、成本、属性、外在性、权属、远近利益、政府角色、受益主体、利用目的十个重要理念上的误区,以及由此导致的商业化、城镇化、人工化、超载化等现状问题,探讨其哲学、社会学、经济学、管理学、法律学等深层次原因,研究了我国自然文化遗产的价值体系和系统特性。提出了我国自然文化遗产保护利用的普遍原则;提出了我国自然文化遗产保护利用的具体对策。汪欣《传统村落与非物质文化遗产保护研究》,张铭欣等《文化遗产保护与区域社会发展研究——以吐鲁番地区故城遗址为例》等著作。这些研究成果多集中于文化遗产保护与开发、城市文化遗产保护、文化遗产保护宏观理论与实践等方面。上海财经大学法学院于春敏的《论新时期农村文化遗产保护的困境与对策》，提出了现阶段农村文化遗产保护工作主要面临法律层面的规范和保障匮乏、文化遗产生存环境恶化、文物流失问题严重、无形文化传承断档、民族文化板块日益松动瓦解等五大问题，因此，保护工作应着力从完善法律、政府主导、农民主体三大方向入手，以解决这种困境。天津社会科学院林熠研究员的《新农村建设中的文化遗产保护与文化创新》一文认为，随着经济全球化和城市化进程的加快，农村文化遗产的生存环境受到严重威胁，许多重要文化遗产正在消亡，民族或区域文化特色消失加快。因此，加强农村文化遗产的保护刻不容缓。河北工业大学建筑与艺术设计学院的刘歆和徐良的《新农村建设中古村落文化遗产保护问题研究》一文认为，在古村落的新农村建设中，存在新农村建设与古村落文化遗产保护的"新"与"旧"的问题，且这种问题导致其矛盾冲突日益尖锐。文章在研究分析古村落保护现状的基础上，指出了新农村建设中古村落文化遗

产保护存在的主要问题,并给出了保证新农村建设与古村落文化遗产保护和谐发展的几点建议。东南大学旅游系喻学才的《我国当前文化遗产保护存在的八大难题》一文,探讨了我国当前文化遗产保护存在的八大难题,指出这些问题的存在,既不利于遗产的保护,也不利于旅游业的可持续发展。

第四,关于文化遗产保护机制的研究。福建师范大学硕士方一珊认为,我国文化遗产保护已经取得了初步进展,如普查成果汇编、各级名录体系初步建立、传承人及传承机制保护、生态博物馆和传习所等文化部门的建立等。但是,在文化生态保护区建设、国际交流合作、立法进程的推进等方面还处于起步阶段,我们应该在借鉴学习世界先进经验的同时,从中国实际出发,在实践中摸索前进①。复旦大学硕士张国强认为,在新的历史时期,文化遗产保护应借鉴和运用行政生态理论,从经济、社会、沟通网络、符号系统以及政治架构这五个方面分析历史文化遗产保护的现状和存在的问题,并从这五个方面出发,建立一套完整的历史文化遗产保护机制和保障体系。同时,这五个方面的作用是交叉、互动的,彼此之间互相作用、相互影响,缺一不可。一定要建立专业化的职能机构及相应制度,推进包括法律法规在内的制度建设、相互协调和相互制约监督的组织体制建设,改变多头管理、政出多门、互相扯皮的问题。尤其要制定规范、严格的保护和修缮管理制度,从制度上防止在保护修缮和开发建设中对历史文化街区的破坏。只有靠制度创新和体制创新才能真正使中华民族的历史文化遗产得到保护和继承②。王明明和谢春红从文化遗产保护科研工作任务艰巨、基础薄弱的现状出发,指出文化遗产保护科研领域开放合作的必要性,并在分析文化遗产保护领域目前所具备的科研平台基础上,提出文化遗产保护科研领域开放合作的

---

① 方一珊:《非物质文化遗产保护机制探析》,福建师范大学美术学院 2010 年硕士论文。
② 张国强:《历史文化遗产保护利用机制研究》,复旦大学国际关系与公共事务学院 2009 年硕士论文。

动力机制和保障机制以及实现开放合作的方式和措施①。

总之,目前学术界尚无专门关于农村文化遗产保护问题的专著,对农村文化遗产的研究,大多都散见在关于非物质文化遗产、工业遗产以及自然遗产研究的相关论述中。

三、推进中国文化遗产保护研究的历史责任

中国是一个伟大的文明古国,纵观中国文化遗产保护的发展,存在一些迫切需要解决的问题:

1. 城市化进程中开发和建设的关系、文物保护和开发的关系以及法律制裁和措施;

2. 农村开发和建设中文化遗产保护与开发利用;农民土地和致富关系以及非法占用文化遗址;

3. 农村文物被盗和文物走私,以及相应地改革文物回流制度;

4. 中国农村因文化生态环境原因,导致物质文化遗产消失;

5. 中国农村非物质文化遗产传承存在断档和抢救不及时等;

6. 在中国大规模的新农村建设运动中,"新农村建设"等同于"新农村建房",导致传统文化街区、特色建筑消失等;

7. 少数民族地区农村文化遗产保护意识不足,导致少数民族文化消失;

8. 中国文物保护体制改革。

综观上述问题,由于中华文化的根存在于广袤的农村之中,也由于当代中国正处于大规模建设新农村和推进城镇化进程中,农村文化遗产保护的种种问题浮出水面,开发与保护的矛盾、文化特色消失等问题十分尖锐,亟待解决,刻不容缓,因此在理论上急需突破"新农村建设中的文化遗产保护

---

① 王明明、谢春红:《文化遗产保护科研领域开放合作机制研究》,《科技管理研究》2010 年第19 期。

的瓶颈",需要对构建"有中国特色的科学的文化遗产保护体系"展开深入研究,以期我国农村珍贵的文化遗产得到最大限度的保护。

第三节　研究的思路、内容、方法和基础理论

一、研究的主要思路

在我国大规模的新农村建设和城镇化进程中,出现了文化文物保护与开发建设的紧张关系,以及我国农村经济发展与后代人共享文化遗产之间的不协调关系,这无疑对我国农村文化遗产保护制度提出了重大挑战。

该项研究的思路是,首先厘清农村文化保护与新农村建设、与文化综合国力建设的重要关系,然后从农村文化保护内涵出发,确定当今我国广义的文化保护的核心是遗产保护,而农村又是遗产保护的核心地带;从而确定农

村文化遗产保护的主要对象为民族民间物质文化遗产和非物质文化遗产，并划分农村文化遗产保护的外延。在此基础上，对我国自"六五"时期以来的农村文化遗产保护历程进行梳理。从保护体系、立法、资金、队伍、技术、与国际接轨等方面展开，通过去粗取精的正确分析，归纳出改革开放以来中国新农村建设中文化遗产保护所取得的成就、出现的问题。主要研究城市化进程、新农村建设和城镇化发展对文化生态的影响规律，以及农村文化遗产保护的规律。

为准确反映中国农村文化遗产保护水平，本研究拟借助计量经济学的数理统计手段，构建综合评价的理论模型和指标体系，对中国新农村建设中的文物保护水平做出科学评判。评价思路拟从外在的数量规模、环境生态到内在的水平、机制和贡献入手展开，构建四级指标；重视要素模块之间的逻辑和相互作用的关系，层层辟里，逻辑相连，评价方向一致，以数据说明真实水平，并据此提出构筑保护政策的科学方向。

在洞悉中国农村文物保护存在的问题的基础上，需要拓宽视野，认真学习国际上具有先进水平的国家的有益经验，尤其有必要汲取与中国同样有着灿烂文化遗产的国家，如法国、意大利、西班牙、日本等积累的大量的宝贵经验。拟从制度特色、法律覆盖、社会化支持体系入手展开研究，在维护民族文化遗产安全的基础上提供参照系。

构建中国当代新型农村文化遗产保护的政策体系是本项研究的终极目的。希冀通过政策的研究对文化遗产实行有效的保护和监管，推动中国农村文化遗产保护国际化、现代化。希望对这一普遍性规律的研究，形成遗产保护政策的理论系统。拟从具有普遍意义的宏观政策、具有针对性的专项政策矩阵构建体系。为提升农村遗产保护水平提供理论依据。

二、研究的主要内容

第一部分为绪论，主要论述该选题的由来及相关概念的界定，国内外研究现状综述及本课题的研究思路、内容、方法和基础理论。

第二部分为可资借鉴的法国、意大利、日本文化遗产保护经验。该部分系统研究了法国的文化遗产保护制度与法律体系、意大利的国家管理模式、日本非物质文化遗产保护经验，旨在为中国农村文化遗产保护提供国际视野和经验。

该部分揭示文化遗产保护体系的形成、发展及逐步完善，都是以法律体系的成熟为标志的。法律的基本原则和精神、内容的连贯性与不断深化，是法国、意大利、日本三国文化遗产保护成功的基础；公众参与是国际文化遗产保护的重要特点，使自下而上的保护要求和自上而下的保护约束在一个开放的空间中交融并取得平衡，从而使民间成员成为遗产保护的参与力量；研究指出，任何成功的文化遗产保护模式都最契合本国国情。中国不可以照搬成功模式，而应分享先进保护理念，虚心学习共性成功经验，借鉴成熟的法律法规和制度政策，构建适应中国特点的先进的文化遗产保护体系。

第三部分为中国农村文化遗产保护水平综合评价的理论和方法研究。该部分运用系统论、经济评估与预测、数学模型综合评价方法，依据农村文化遗产保护的特点和实质，确立了由规模、效益、管理、效率为评价方向的"理论模型"；构筑了由四大模块、八大要素构成的"综合评价指标体系框架"；建构了由 24 个测算指标组成的四级指标体系；对中国 2000 年、2005年、2010 年三个发展节点的农村文化遗产的保护水平、绩效水平、管理水平、效率水平进行了测量和评价，并据此提供了今后政府制定政策的方向。该部分构建了我国农村文化遗产保护综合评价指标体系和测评的数学模型，提炼出农村文物丰沛度、文物经济贡献度、社会贡献度、管理机制健全度、文物安全度、法律健全度、保护效率、保护绩效、社会教化力等一批反映我国农村文化遗产保护质量的指标。

第四部分为改革开放以来中国农村文化遗产保护的现状与问题。该部

分首先厘清了农村文化遗产保护与新农村建设、与构建和谐社会、与增强我国文化软实力、与建设国际文化强国等的关系,提出了农村文化保护的主要对象是遗产保护。包括:民族民间物质和非物质文化遗产、自然遗产、线性遗产、农业文明遗产等。在取得大量一手调研资料的基础上,梳理了中国自"六五"时期以来实施农村文化遗产保护的进程、取得的巨大成就以及存在的种种问题。

该部分列举了"六五"时期以来中国政府实施农村文化遗产保护的成就,包括:积极融入国际文化遗产保护运动,出台《文物保护法》等一系列法律法规文件,加大投资文化遗产保护,开展大规模的文化遗产和文物资源的普查与建档等。中国在非物质文化遗产、线性文化遗产、水下文物保护等方面,以及文物保护科学研究、打击文物盗掘、走私及对外交流合作等方面取得重大进展,对推进民族文明建设做出了重大贡献。

第五部分主要分析我国农村文化遗产保护的问题与根源。随着我国不

同阶段的新农村建设、城镇化进程的加快,农村文化遗产生存的生态受到严重威胁,许多不可再生的文化遗产在悄然消失,为数不多的遗产传承人正在自然消失,珍贵文物流失境外,文物非法交易和盗掘古墓等犯罪活动触目惊心,加强保护制度改革等任务不容小觑。文化遗产保护与农村现代化开发建设不断产生的新矛盾,农民追求经济发展与民族文化遗产安全之间不断产生的矛盾,法律的严苛性与制度缺失的矛盾等存在。

第六部分为我国农村文化遗产保护中长期发展理念。该部分在指出"新农村文化建设是国家新农村战略的核心,也是中国文化强国战略的重要支撑"的基础上,论证了推动农村文化遗产保护科学发展、协调发展的战略设想。提出了促进农村文化遗产保护科学发展的宏观政策和微观对策,为政府实施农村文化遗产保护提供了政策矩阵。宏观政策从规划、法制、财政、产业化利用、文化体制改革等大方向切入;专项政策包括少数民族农村地区文化特色遗产、古村落遗产、文物回流制度、文化遗址保护、农村公共文化制度等。

第七部分为农村文化遗产保护体制和法制机制创新。一是系统研究了国际文化遗产保护的 18 个重要法律法规和文件,力图为中国完善文化遗产保护法律体系提供借鉴蓝本。二是对中国文物保护法律体系与立法现状进行了系统梳理,指出了我国现行法律体系在文物保护上的缺失,针对农村文物保护的特殊性提出了法律体系建设构想。

该部分在对国际国内法律体系进行认真研究的基础上,提出实施税收激励机制、调整保护经费分配制度、税费制度改革等法律改革设想;提出行政立法、财政提供保护经费、设立协调咨询机构、实施保护和抢救文化财产的程序、行政处罚等法律改革方向;提出了实施开明的文物出境政策、逐步放宽严格的文物交易政策,有效遏制文化遗址被盗和文物走私等一系列法律措施设想和控制机制等。

第八部分为科技创新支撑农村文化遗产保护发展。中国现有农村文化遗产保护水平中等偏上,其中贡献较大的是国家投入的资金和科技支撑,管理水平贡献率也较高。如要保持农村文化文物创造价值的能力,须继续提升高科技支撑水平以及财政支持力度,鼓励社会资本进入遗产保护。提高农村文化遗产的公众吸引力和影响力是提升社会贡献度的重要途径,健全农村文物保护法律法规、完善保护制度、提升遗产信息化水平、提高绩效水平是持续提升保护总体水平的有效手段。该项研究数据翔实、评价理论设定与方法较为前沿,初步改变了文化遗产保护研究手段匮乏的现状。

第九部分为促进我国农村文化遗产保护科学发展的政策建议。该部分对保护政策提出了扎实的设想和建议。在宏观政策方面提出:尽快将农村文化遗产保护列入新农村建设总体规划、加快名城名镇(村)保护立法、加大保护性投资等;还提出加强少数民族文化保护、加速农村文化遗产产业化步伐、加大民间文化传承人和古村落及文化遗址的保护和开发等政策体系。

在微观战略方面则提出了开展农村文化遗产调查、健全管理机制、成立民间遗产保护组织、保护性开发乡村旅游产业、妥善处理新农村建设中的"平改"、创新农村公共文化服务体系等众多措施；还依据中央精神提出了正确处理"古村落保护开发与当地居民利益的关系""城市化与新农村建设中文化遗产保护的关系"两大命题的路径。

该部分的代表观点有：尽快实施中国农村民间文化遗产抢救工程，加快制定"农村文化遗产保护办法"，出版"中国农村文化遗产保护著作"，加速建设古村落博物馆、古遗址博物馆、少数民族非物质文化博览馆等。通过加大投资，推动农村文化遗产保护工程实施。中央政府应行使农村文化遗产保护工作的规划、决策、领导与监督权力，为文化遗产的保护与活化利用制定长期规划，规范地区文化遗产的保护行为。还提出"保护性开发乡村旅游产业""平衡古村落环境承载力""丰富农村公共文化产品""创新社会支援机制""制定新农村公共文化服务评价指标体系""成立村级文化遗产志愿保护小组"等新型措施体系。

三、研究的主要方法

本项研究是对农村文化遗产的保护现状、保护水平、保护问题和解决方法等问题进行全面研究的一部著作。作者对农村文化遗产保护与构建新农村和谐文化体系的重要关系进行了梳理，指出实施文化遗产保护存在的问题，并针对农村文化遗产保护的特殊性提出了法律体系改革设想。作者在借鉴法国、意大利、日本等国文化遗产保护经验的基础上，首次运用经济评估与预测、数学模型综合的评价方法，确立了以规模、效益、管理、效率为评价方向，对农村文化遗产保护水平、绩效水平、管理水平、效率水平进行测量和评价，构建了中国农村文化遗产保护水平综合评价体系。

本项研究过程中，以新的研究范式和新的理论框架，采用文献分析法、田野调查法、系统分析法、数理计量分析、多目标决策优化、逻辑归纳与演绎等科学方法,力图使研究结论最大限度地建立在科学基础之上。本项目拟采取从个别到一般、从个案分析到归纳概括的方法,特别是从具体材料、具体地区农村文化遗产保护个案的分析出发,归纳总结出中国农村文化遗产保护的成功经验以推动社会主义新农村建设。

在新农村建设中的文化遗产保护问题,迫切需要我们从理论上和实践上提供一些支持,积极寻求化解这些矛盾与冲突的方法。以科学的理论,指导农村文化遗产的保护开发工作。作者也力图总结有关理论研究成果和国内外经验,深入剖析问题,有针对性地提出解决问题的思路和对策,为中国农村文化遗产保护提供国际视野和经验,为中国新农村文化遗产的保护与构建提出了一些宏观政策和微观对策,为加强农村文化遗产保护做出自己的一点贡献。

本项研究的技术路线是:确定研究大纲→搜集文字资料和数据→理论研讨→确定调查方案→实地调查分析→系统比较分析→理论建模→数学建模→定量和定性分析→撰写研究报告→系列论文→成果研讨→专家论证和

评价。

四、研究的基础理论

本项研究主要依据文化遗产经济学、文化政策学、文化管理学、文化社会学、规划与管理、数量统计、系统论等基础理论。撮其要点,综述如下:

1. 文化遗产经济学

文化遗产经济学是自 20 世纪 80 年代以来逐步形成的,从经济学角度切入研究文化遗产问题。文化遗产是一个地区、一个民族以及一个国家重要的文化资源和文化竞争力的构成要素。在全球化和文化事业迅速发展的背景下,世界遗产的保护和开发不断推进,文化遗产逐渐形成了自己独特的社会实践对象和研究领域。文化遗产研究涉及人类学、社会学、民族学、宗教学、历史学、语言学、民俗学等诸多学科,相关研究包括物质文化遗产、非物质文化遗产、文化景观、文化线路、产业遗产、文献遗产、文化遗产保护与管理等。该理论以公共产品理论、委托代理理论、福利经济学定理等各种经济学理论为分析工具,深入探讨了文化遗产的经济学特征,指出了文化遗产的稀缺性、公共产品性、成本性和自然垄断性。

文化遗产经济学的产生有以下原因:①新的文化与精神消费的需求。由于社会经济的发展、科学技术的不断进步,社会生产力水平不断提高,人们在享有更多的物质财富的同时,消费观念和消费行为开始发生巨大变化,开始追求更高层次的生活质量,即追求文化与精神层次的消费;②文化与自然遗产已成为提供新的消费服务的最重要的资源。能够为人们提供文化和精神消费服务的资源包括人文资源、自然资源等,文化遗产与自然遗产是最具综合价值、最能满足人们多方面文化与精神需求的资源;③当文化遗产与自然遗产为社会提供消费服务时,就意味着它具有经济功能,并在国民经济中发挥作用,且随着人们文化和精神消费的不断增加而得到增强;④当文化遗产与自然遗产用于为社会提供文化与精神消费服务时,所需费用已经成为经营成本;⑤当社会的文化与精神需求日益增长时,文化遗产与自然遗产作为一种不可再生资源,其稀缺性日益突出。文化与自然遗产具有与一般经济资源相同的基本特征。

2. 文化政策学

政府通过文化政策对文化主体实行有效的指导和监管,是现代国际社会普遍的文化政治行为。对这一行为的普遍性规律进行研究,并在此基础上形成的文化政策理论形态和理论系统,被称之为"文化政策学"。文化政策学正日益作为现代政策科学的重要分支,被学术界广泛关注。如何结合中国的传统文化和国情,推动文化政策决策的科学化和民主化,建立、健全完善的文化制度及运作机制,建设具有中国特色的社会主义文化政策体系,是中国文化建设面临的一个重大课题。运用政策科学理论,结合中国的文化政策实践,分析、研究中国当代文化政策的历史和现状、内容和结构,探索和建构具有中国特色的文化政策学理论体系,成为学术界追求的目标。

3. 文化管理学

文化管理学是文化学和管理学交叉综合的产物,是管理学一个新的分

支学科。文化管理学从横向上涉及文化战略、文化组织、文化遗产保护、文化市场管理、文化产业管理、公益性文化事业管理、城乡文化管理等;从纵向上涉及文化管理构成要素、文化管理模式、政府文化管理、文化企业管理、文化社会治理、文化产业集群管理、文化项目管理、公共文化管理、文化体制改革等关键性主题。后现代文化思潮是 20 世纪以来最重要的文化现象之一,是一种重要的思想文化范式,其重要特点之一就在于它创造出一种综合多种学科和多种维度的视角,从而直接影响了文化管理学。学术界认为,未来的管理理论和管理实践将在文化主义范式之下进一步走向综合,从而实现文化学领域的科学管理和行为管理在更高程度上的互补与整合。学术界还提出了比较文化管理学概念,认为随着世界经济一体化的加快和信息网络化时代的到来,如何在跨文化条件下克服异质文化的冲突,提高国家在不同文化环境下的管理绩效,已成为比较文化管理和跨文化管理的关键。霍夫斯泰德的文化维度系统理论强调,民族文化差异是构成不同国家管理模式差异的根本原因,美国、日本、中国各自形成了以"法""理""情"为中心的管理模式。沙因提出了文化组织模型理论,路易斯则提出文化层次结构理论。

4. 文化社会学

文化社会学是研究文化发展特殊规律与社会作用的一门学科。19 世纪末 20 世纪初期,西方资本主义国家的社会、经济、文化出现了危机,社会科学界普遍认为这种危机主要是由于社会文化价值体系的危机造成的,因此转向研究社会与文化的关系。该学科的研究领域主要集中在以下几个方面:①文化的起源、积累、突变过程;②文化的产生、发展、分布与自然生态环境的关系;③文化在时间、空间发展上的不同层系;④文化发展的社会系统的不同属性,如民族性、阶级性等;⑤文化的生产、分配、储存、传递及其应用;⑥文化传播、控制的方式及手段;⑦文化的冲突、分化、调适、整合的过程;⑧文化变迁的动因、规律、周期;⑨文化与社会化、文化与文明、文化与生活方式等的关系;⑩文化在现代化中的地位和作用。

此外,该学科的研究对象是民族文化发展趋势、世界文化趋向等问题。其应用研究涉及文化经济发展、文化化都市、社会文化管理、文化科学技术发展等诸多方面。该学科拥有诸多学派理论,主要有:①进化论的文化社会学。从19世纪斯宾塞、E.B.泰勒等人的实证主义社会学的文化研究和文化人类学的社会文化研究,到20世纪四五十年代新实证主义的文化社会学,都属于该学派。他们认为,文化是由简单到复杂、由单质到异质逐渐进化的。文化的分布是由自然地理环境决定的,一部文化史就是人类由低级野蛮状态向高级文明发展的历史。20世纪四五十年代诞生的新实证主义的文化社会学最有代表性的理论是美国的"工艺决定论";②传播论的文化社会学。19世纪末20世纪初德国文化圈派、英国传播学派和美国历史学派的一些民族学家和文化人类学家,从社会因素出发研究文化的传播。主要代表人物有符号互动论者 G.H.米德、C.莫里斯等人,他们把文化看作是有意义的象征符号,把文化传播看作是个体互动或交互作用的过程。符号互动理论建立在主观主义基础上,后在现代自然科学影响下,日益走向对社会文化结构过程方面的研究。其对于文化社会功能的研究颇具意义;③功能论的文化社会学。主要有以迪尔凯姆为代表的法国社会学年鉴派、英国马林诺夫斯基为代表的功能学派,以及20世纪四五十年代的结构主义学派。他们认为文化的产生是社会功能的需要,其本质在于维护社会规范。文化的意义依其在"人类活动体系中所处的地位、所关联的思想以及所有的价值而定"。文化是社会结构体系的工具,文化功能受各种社会结构层次的制约。文化体系不仅决定人的价值观念,也构成人的行为准则;文化样式"决定着任何团体、家庭、氏族、民族、教派、党派、阶级活动的样式"。结构主义论者强调文化模式、体系的作用,而忽视对文化动态的研究。到20世纪60年代出现了法国 L.哥尔德曼等人创立的发生学结构主义文化社会学理论,该理论主要研究文化在现实社会结构中的地位和作用及深层结构；④心理论的文化社会学。用人类心理说明文化现象的产生及其作用。可以追溯到19世纪德国的A.巴斯蒂安、英国的泰勒等早期文化人类学家，以及美国的L.F.沃德、F.H.吉丁斯等社会学家。19世纪与20世纪初，用心理学的观点解释人类文化现象的有民族心理学派、弗洛伊德主义者。他们用"原始观念"解释人类文化的起源，用"原始信仰"说明人类原始社会低级阶段文化的形成；民族心理学派M.米德则从个人心理出发来研究民族文化的特性，从不同民族个体经验推导出民族文化模式。

五、本研究的特色与创新之处

本项研究运用遗产经济学、文化社会学、文化管理学、文化政策学等理论，在大量运用田野调查方法、数理统计方法、系统分析方法等基础上，提出中国文化遗产保护的薄弱环节在农村。选取了农村文化遗产保护作为研究的对象，厘清了改革开放以来，中国农村文化遗产保护的现状、规模、管理水平、遗产的效益水平、开发利用的情况等，农村文化遗产保护与新农村建设及城镇化的关系、法律完善程度、与联合国教科文组织遗产管理接轨等一系列情况，并在此基础上找出存在的关键问题，希望为政府制定科学的保护政策体系提供参考。

本项研究中运用数量经济、数理统计、经济预测等方法构建的、旨在反映我国农村文化遗产保护水平的理论模型，以及依据理论模型构建的"我国农村文化遗产保护综合评价指标体系"，为客观、科学地反映中国农村文化遗产保护水平提供了真实的数据。依据中国管理内在机制确定的规模、效益、管理、绩效四大评价要素模块，逻辑合理、方向准确，并据此提炼出的农村文物丰沛度、文物经济贡献度、社会贡献度、社会教化力、管理机制健全度、文物安全度、法律健全度、保护效率等一系列评价指标，能够科学支撑评价方向和结论，符合评价对象的本质。评价方法较为前沿，可实际运用于中国整体文化遗产保护评价,前景广阔,为政府提升管理水平提供了手段,并丰富了我国学术界文化遗产保护研究的手段。

本项研究提出的旨在提升中国农村文化遗产保护水平的政策矩阵、法律改革设想、体制改革、对策建议等,是在掌握大量调研资料,依据文化政策学原理基础上形成的。具有较强的针对性,为政府制定相关政策提供了客观依据和参考系。为推动现阶段中国新农村文化建设、加快进入世界文化强国行列,提出了具有较强现实意义的战略设想,其中对农村文物的保护性开发利用对策,对建设真正富裕、文明的新农村有一定应用价值。

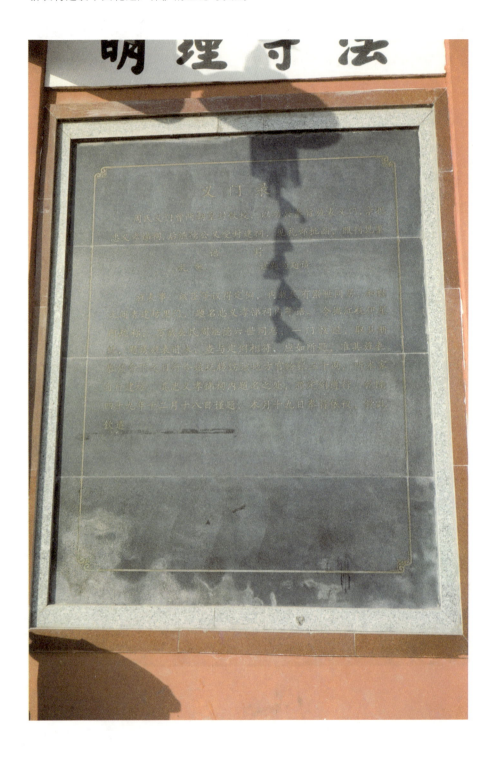

第一章

世界文化遗产保护趋势及其经验

第一节　世界文化遗产保护的主要趋势

一、世界文化遗产保护多样化发展的趋势

当今世界正在发生深刻复杂的变化,文化多样化持续推进。我们应深刻认识、正确把握这一特征和趋势,并积极维护和促进世界文化多样化。

文化多样化是人类社会发展的一个基本特征。文化是人类适应环境、改造环境的产物,始终处于不断变迁、发展的过程中,具有明显的地域性与时代性。目前世界上有 200 多个国家和地区、2500 多个民族、6000 多种语言。不同的民族创造了各自独特的文化,不同国家和地区的人民共同创造了丰富多彩的世界文化。文化多样化是人类文明进步的重要动力,维护和促进世界文化多样化是大多数国家的共同愿望。联合国教科文组织发布的《保护世界文化和自然遗产公约》《保护非物质文化遗产公约》《保护和促进文化表现形式多样性公约》这三部公约,为尊重、保护与促进世界文化多样化提供了法理依据。

世界文化多样化是不同文化相互依存、对话、交流的产物,具有“和而不

同"的特征,表现为不同文化之间"你中有我、我中有你"。随着经济全球化、政治多极化的深入发展,各种思想文化交流、交融、交锋更加频繁。因此,文化多样化是人类文化深度交流的结果,是信息时代、开放时代不同文化相互学习、相互交融的重要体现。只有善于通过文化交流、从其他文化中汲取有益养分的国家和民族,才能实现自身文化传统地发扬光大,才能为维护和促进世界文化多样化做出更大贡献。

二、世界文化遗产保护的全球化趋势

随着世界范围内的现代化运动的发展,文化和自然遗产受到越来越多的破坏,任何文化、自然遗产的损失都会对全世界文明总体造成损害。由于各国保护水平不同,一些国家缺乏必要的保护条件,凸显了人类遗产保护的紧迫性,需要以国际公约的形式确定人类对文化和自然遗产进行共同保护行为。1972 年 11 月 16 日,联合国教科文组织第 17 届会议在巴黎通过了《保护世界文化和自然遗产公约》(下简称《公约》)。《公约》提出了建立世界遗产委员会和世界遗产基金,二者自 1976 年开始运行。《公约》决定将全球范围内具有突出的普遍价值的文化和自然遗产列入《世界遗产名录》(下

简称《名录》），旨在正确地确认、保护、管理、展示具有突出普遍价值的文化和自然遗产，并使其代代相传。截至 2013 年 6 月，《名录》收录的全球世界遗产总数已达 981 项。据最新统计，全球共有 759 项世界文化遗产（含文化景观遗产），193 项自然遗产，29 项文化与自然双遗产。为增强《名录》的可信度，确保世界遗产有效保存，促进缔约国开展有效的保护建设，通过交流提高对世界遗产的认识，从 1994 年开始，世界遗产委员会开始推动"世界遗产全球战略"研究。2005 年 2 月，《操作指南》明确提出了构建具有代表性、平衡性、可信性的《名录》的全球性战略。

1. 遗产体系立体化、多样化发展的全球趋势

近年来，促进世界遗产的立体化、平衡化发展问题，越来越成为国际关注的焦点，世界遗产委员会大力提倡、鼓励遗产种类的多样化、立体化和平衡化，包括地区平衡、国家遗产增长数量的平衡、遗产种类的平衡。在世界文化遗产中，文化线路、文化景观、线性文化遗产、跨国项目等成为国际世界遗产领域提倡并重点支持的项目。2014 年，中国和中亚地区多个国家跨国申报的"丝绸之路遗产"和中国多省市共同申报的"大运河遗产"已经列入

《名录》。

涉及阿根廷、秘鲁、智利等国家的"印加之路"也已进入《名录》。2007年世界遗产委员会第31届会议上,加拿大的里多运河因符合世界遗产标准第1、4条而被列入《名录》,包括运河本身及坐落在金斯敦的2座城堡、2座塔和坐落在西德岛的1座塔。

国际遗产保护领域同样关注其他类型文化遗产,包括工业遗产、与非物质文化遗产关系密切的地域文化遗产、20世纪遗产等。在苏州召开的世界遗产委员会第28届会议形成的《凯恩斯—苏州决议》规定,缔约国每年只能申报两项遗产,其中一项必须是自然遗产,拓展项目必须占用名额。会议决定执行现行申报规则并进行4年实验,缔约国可自行决定每年申报遗产的属性。

2. 遗产保护政策的全球趋势

近年世界遗产全球申报的战略,体现出政策的支持向下列方向倾斜:①鼓励无世界遗产的国家积极申报;②鼓励少于三项世界遗产的国家申报;③鼓励自然遗产项目优先申报;④鼓励混合遗产项目优先申报;⑤鼓励跨国遗产项目优先申报;⑥鼓励非洲、太平洋、加勒比海地区的项目申报;⑦鼓励10年内无遗产列入《名录》的国家积极申报;⑧鼓励10年内未提出申报项目的国家积极申报。

3. 消除濒危遗产和生存环境威胁的全球趋势

第二次世界大战结束到现在,由于世界范围内的现代化运动如火如荼,以及自然灾害的侵蚀,各国的文化与自然遗产的生存环境受到巨大冲击,遗产保护难度越来越大,濒危的遗产越来越多。如柬埔寨吴哥石窟古迹保存得虽然很完整,但依然杂树丛生,树根深深植入建筑物缝隙,逐渐使建筑物坍塌。为消除濒危遗产的威胁因素,联合国教科文组织遗产委员会决定设立《濒危世界遗产名录》。《公约》规定,将已列入《世界遗产名录》中受到严重威胁、需要立即采取重大措施加以保护的项目,根据《公约》要求给予保护援助和资金援助。

根据研究成果,遗产委员会认为威胁世界遗产的因素主要包括下列方面:①世界遗产的自然衰退;②大规模公共或私人工程对遗产的威胁;③未知原因造成遗产的重大变化;④城市化或旅游业快速发展造成的遗产消失危险;⑤土地利用的变更或易主造成的破坏;⑥遗产缺乏管理与保护;⑦武装冲突的威胁;⑧自然灾害等威胁。

近年来,国际遗产保护界更加关注对世界遗产周围环境的保护,尤其关注世界遗产面临着高速发展的城市化冲击,以及建设项目对世界遗产所带来的越来越大的威胁和破坏。如德国德累斯顿易北河谷建铁桥对遗产完整性的影响等问题引起了国际社会的关注。世界遗产委员会认为,可信性、保护水平、能力建设、交流、社区建设是推动世界遗产保护管理发展的五大重点。

4. 保护技术科技创新的全球趋势

在世界遗产保护运动中,各国政府对文化遗产保护给予了高度重视。在人力、物力和资金投入等方面都有了极大提高,许多国家已将文化遗产保护提升到国家战略的高度,各主要文化遗产保护强国也不约而同地将科技创新作为提高文化遗产保护与利用能力的核心战略,作为争取未来主导权和话语权的重要举措予以部署。

目前,保护文化遗产的科技创新速度超过以往任何时期,文化遗产保护领域正孕育着新的群体性突破。未来 10 年将是文化遗产保护科技发展的重要战略机遇期,纵观国际文化遗产保护科技发展,呈现出以下趋势:

第一,科学和技术的飞速发展促进了文化遗产保护理念的不断进步。建立在价值认知和风险评估基础上的主动的系统性保护,已成为时代的要求。文化遗产的保护、利用、管理和研究等实践经验不断积累和丰富,使建

立文物保护的科学理论体系成为可能。

第二,基础学科与应用学科、技术科学与工程技术、自然科学与人文社会科学之间的相互交叉渗透不断深入,文化遗产保护科技自主创新和系统集成的能力进一步增强。新材料、生物技术、空间技术、信息技术等高新技术的广泛应用,极大地丰富了文化遗产保护的手段与方法。

第三,现代分析技术和科研装备的不断进步,提高了对文化遗产真实性、完整性的认知能力,文化遗产保护的安全性和可靠性不断加强。多元化、多维度的合作网络的形成和完善,将成为文物保护科技全面提升的有效途径。

第四,物质文化遗产材质劣化机理与防治等方面的定向基础研究不断深入,将引发文化遗产保护技术的重大突破。现代科技的全面介入,将加快实现文化遗产保护传统工艺技术的继承、扬弃与创新。战略科学家、复合型科技人才、工程技术人才和科技管理人才已成为文物保护科技可持续发展的核心资源。

5. 专用技术科技创新的全球趋势

专用科学技术是提升遗产保护水平的关键性因素,未来将在如下方面取得重大突破:

第一,文物风险预控、环境监测技术的突破。文物自然劣化、突发灾害、人为破坏等风险因素的识别、预测、评估、处理方面将取得进展;在馆藏文物微环境高效调控技术、应用空间信息技术、图像分析技术、环境监测技术、物联网技术等方面将有重大突破;预防性保护及辅助决策的技术系统平台将形成。

第二,文物保护修复专用技术的突破。在智能探测设备、现场文物保护快速检测分析设备、脆弱文物应急保护、大遗址专用监测系统装置、基于传感技术的古建筑专用监测、保存环境监测与调控等方面将取得进展。

第三,水下文化遗产保护关键技术的突破。在海洋和内湖河流文化遗产探测和定位关键技术与设备领域、混浊水域水下文化遗产考古关键技术与装备等领域,以及对出水陶瓷器、石质文物、金属文物等保护技术方面、建立海洋文化遗产空间监测信息平台等领域,将取得一定突破。

第四,不可移动文物保护关键技术的突破。在古建筑、石质文物、土遗址、壁画等前期勘察技术体系,古代木结构建筑安全稳定性评价关键技术等方面将实现突破;在砂岩类石质文物表面风化程度无损检测技术和修复工艺、石窟寺危岩体加固技术、土遗址坍塌、风化等集成修复技术,激光清洗石质文物、烟熏壁画等应用技术方面将取得一定突破。

第五,考古勘测技术的突破。在考古遗址低空遥感识别应用技术、地下遗迹遗存预探测集成应用技术、基于 GIS(地理信息系统)技术的考古发掘信息记录系统、同位素技术、DNA(脱氧核糖核酸)技术、显微分析技术等方面将取得一定突破进展。

三、世界文化遗产保护平民化趋势

联合国教科文组织世界遗产保护关注点正从原来的精英阶层的遗产向平民百姓的遗产转变。这种“平民化”的保护转变,对普通民众的参与更为关注。联合国教科文组织世界委员会确定 2012 年庆祝《世界遗产公约》诞生 40 周年的主题为“世界遗产与可持续发展:本地社区的作用”,该主题阐明了世界遗产保护应当得到全社会的支持和参与,同时突显了在遗产保护与可持续发展中对社会民众关注的重要性。

综上,世界遗产委员会对保护文化与自然遗产付出了巨大努力,取得了丰厚的成果。遗产委员会构筑的各种保护公约、政策支持体系,都对中国的遗产保护事业产生了一定的影响,中国遗产保护水平不断提高。遗产委员会提出的遗产濒危因素中,有五个方面值得中国关注,即遗产的自然衰退、大规模公共或私人工程对遗产的威胁、城市化或旅游业快速发展造成的遗产消失危险、缺乏管理与保护、自然灾害威胁,这给中国的遗产保护敲响警钟。同时,我们也注意到,国际社会尚无对广大乡村遗产保护的专项条例出台,因此,制定乡村遗产保护专项条例问题也是本项研究关注的内容之一。

第二节
主要发达国家文化遗产保护的模式与特色

经过长期的探索、实践与积累,有很多国家形成了颇具特色的历史文化遗产保护模式,美国、英国、法国、意大利、西班牙、澳大利亚、日本等国家的保护机制相对完备。这些国家对历史文化遗产保护的重视程度和文化遗产的保护理念,都是值得我们学习和借鉴的。当今的中国正处在社会转型期,分析国外历史文化遗产的保护机制,研究和借鉴其保护历史文化遗产的成功经验,对推动中国历史文化遗产的可持续利用有着重要的现实意义。

一、采用多元化的投入机制

国外历史文化遗产保护在资金投入上形成了一套长效的机制,从而在保护历史文化遗产的过程中起到了关键性的作用。众所周知,持续充足的政府资金投入和社会的广泛参与是历史文化遗产保护的重要保证。在发达国家,历史文化遗产的保护资金由政府、非政府组织、社会团体、慈善机构和个人(志愿者)多方参与运作,其中政府起主导作用。

美国对文化遗产的管理采取的是国家公园制度。美国《国家公园管理手册》明确规定,国家公园是社会公益事业,不同于以营利为目的的旅游开发区,国家公园的保护经费由联邦政府拨给国家公园管理局。这样,作为一项社会公益事业,联邦政府每年拨 20 亿美元保护经费给国家公园管理局。与此同时,联邦政府还通过税费减免等措施,鼓励社会各界对自然和文化遗产进行投资。

在英国,由国家和地方政府提供的财政专项拨款和贷款是保护资金最主要的来源,非政府组织的捐赠和志愿者个人的捐款也是经费的重要来源。除此之外,志愿人员的义务劳动、无偿提供房产和固定资产,也可纳入资助范围。在保护资金的具体投入与运作方面,英国政府授权各种保护团体负责实际运作。由于与政府关系的密切程度和承担责任不同,保护团体获得的政府拨款也不同。同时,在英国,不仅有官方的保护组织,在民间也有相应的历史文化遗产保护组织,主要是环境部所认定的五大组织:古迹协会、不列颠考古委员会、古建筑保护协会、乔治小组和维多利亚协会,每年英国政府给以上五个团体相当的资金资助。

在日本,已经形成以国家投资带动地方政府资金相配合,并辅以社会团体、慈善机构及个人的多方合作投资模式。国家和地方资金分担的份额,由

保护对象及重要程度决定。日本规定,传统建筑群保护地区的补助费用,国家及地方政府各承担 50%,对古都保护法所确定的保护地区,国家出资 80%,地方政府承担 20%,而由城市景观条例所确定的保护地区一般由地方政府自行解决。

一些发展中国家对遗产保护的投入也非常重视。如印度每年国家投入的经费约合 3.1 亿元人民币;墨西哥每年国家投入的经费约合 14.2 亿元人民币;埃及旅游点门票收入的 90% 上交国库,再返还给文化遗产管理部门用于文化遗产保护。

二、实施完善的保护体系

完善的保护体系主要是指科学、高效、精简、完备的管理网络体系,在保护历史文化遗产和自然遗产中发挥主导作用。

世界上最重视历史文化遗产保护的国家之一——意大利,建立了多层

次的历史城市建筑管理和保护机构,并形成了保护机构网络。意大利历史城市和古建筑保护的管理主要由国家文化遗产部负责,各大区、市则设有相应的管理机构。如罗马,市政府下设办公室对全市历史城市区、发展区、文物古迹区和古建筑区分别规划管理。罗马市设有总体规划办公室,负责全市总体规划,工作重点是全市的生态环境、城市交通干线、地区城镇的发展。罗马市历史城区建筑保护办公室运用计算机系统对历史城区的街区保护、建筑维修、私人住宅改建和居民生活环境改善进行全面管理。罗马市郊区办公室组织、管理郊区市政建设项目,规划管理郊区各小区的配套建设,负责重点小区改造规划的实施。除了国家各级政府机构外,意大利还有一些保护历史城市和古建筑的民间团体,如"我们的意大利"在全国有200多个分会,2000多个会员,该组织在推动政府出台法律、健全制度、保护遗产、社会宣传等方面发挥了巨大的作用。

在法国,除了国家和各城市设有专门管理历史文化遗产的机构外,各类受保护的历史文化遗产所在地也分别设有专门的管理机构。

美国国家公园系统由联邦政府内政部下属的国家公园管理局直接管理,国家公园管理局将全国50个州划分为7个大区,分别管理全国200多个不同类型的国家公园,每个国家公园都是独立的管理单位,公园的管理人员都由总局直接任命、统一调配,直接对国家公园管理局负责。所有国家公园的规划设计统一由国家公园管理局下设的"丹佛规划设计中心"全权负责。

澳大利亚对大堡礁的旅游管理制定了一系列完整严密的计划,主要有分区计划、地点计划、管理计划和25年战略计划。这些计划从空间上覆盖了整个遗产区域,并对敏感地带和关键地点给予更细致和特别的管理。该国除重视对大堡礁的日常管理外,还注重战略管理,使大堡礁的保护和资源的利用具有可持续性。这一系列的计划保证了整个旅游管理过程都能贯彻世界遗产保护的先进理念。

作为我国近邻的日本,其保护历史文化遗产的成功做法颇值得我们借鉴。国家历史文化遗产保护由文物保护行政管理部门和城市规划行政管理部门这两个相对独立、平行的组织机构共同负责。与文物保护直接相关的事务归国家文部省文化厅管理,与城市规划相关的事务归国家建设省城市局管理。为了给政府决策提供高层次的参谋,地方政府机构中还设立法定的常设咨询机构——审议会,其作用是提供技术与监督。日本的国家公园由环境厅与都道府县政府、市政府以及国家公园内各类土地所有者联合管理,通过合作管理体系来对自然遗产进行保护。日本的国家公园建设往往是由政府与私人合作进行。一般情况下基础性工程如道路、自然小径、野餐地、停车场、野营地和厕所由政府负责建设,而能够收费的设施如旅店客房和餐厅则由私人投资兴建。

三、建立科学的保护理念

开发与保护、社会效益与经济效益等观念,都会对历史文化和自然遗产保护产生重要影响。许多国家从本国的实际情况出发,采用分区管理和分级管理相结合、地域文化和民族文化相结合、旅游开发与生态保护相结合的方式,以实现遗产保护的可持续利用。

从国际经验来看,分区被证明是行之有效的保护和管理手段,并且得到了大多数国家的采用。日本根据《自然保护法》将国土划分为荒野区、自然保护区和地区自然保护区3种类型,根据《自然公园法》,又将自然公园划分为国家公园、国定公园和地区性自然公园3类。澳大利亚的卡卡杜公园,就是根据保护的需要划分成4个开发区:第一区建有旅店、饭馆及良好的公路和停车条件;第二区仅有简单的旅店,停车场减少;第三区仅提供野外宿营地和简易公路;第四区仅有人行小道和简单的营址,这样只有极少数的游客才能到达第四区域,即需要重点加强保护的区域。同时各个区域的划分和管理措施也随时变化,不断调整,例如有的地区在开放一段时间后,又实行半封闭半开放管理。

分级也是各国加强资源保护和管理的常见手段之一。意大利把文物保护分成4个等级:第1级是具有重大历史价值的建筑艺术精品,称之为"重要文化价值建筑",其保护方法和中国的重点文物保护单位类似,即一切按原样保存,保护原物不得改变;第2级是具有特色的建筑,室内外的可见部分不可改动,但结构可以更新;第3级是地方价值建筑,仅保存外观,室内可以改动,增加现代化的设施,以便更好地加以利用;第4级指上述文物建筑周边环境中的一般建筑,只保存其外形,可以依照原样重建。这样,国家根据文物的保护级别,制定相应的保护措施。

国外在保护历史文化遗产过程中,始终坚持可持续发展的理念。如旅游设施与生态系统相协调引导健康旅游行为等,避免对文化遗产的破坏。马来西亚的古那穆鲁国家公园和尼亚国家公园的接待设施都是二层的传统民居建筑,它们的高度都低于当地森林的高度,其色调大多是原木色,采用分散在森林中的布局。许多建筑是依生态环境有序而建,因此许多古树和名贵林木并没有因建设而受到破坏,在公园内没有用水泥和石块构成的建筑物。在澳大利亚的大堡礁绿岛公园,游客不许带走任何自然物体(包括贝壳),违者将被处以高额罚款。在新西兰的卡巴提岛,游人在上岛观鸟前必须经过保护知识培训,然后洗澡消毒,不许自带食物和背包,行为举止须文明,当游客离开时,可见标识牌:"除了你的脚印,什么都别留下。"这些经验和理念都能为中国的文化遗产保护提供借鉴。

四、建立完备的文化遗产法律保障系统

国外保护自然与文化遗产的经验表明,遗产保护法律先行。国外普遍采取的方法是不单是立法保护,而且法律保护体系和法律监督体系同样完善。

法国确定了一整套行政管理体系、资金保障体系、监督体系、公众参与体系等,使得保护制度法制化。早在 1913 年,法国就制定了《保护历史古迹法》,成为世界上第一部保护文化遗产的现代法律。1962 年,法国又制定了《历史性街区保存法》,亦称《马尔罗法》。1930 年英国政府制定了《古建筑法》,对于保护古建筑做了具体规定。1967 年英国制定了《城市环境适宜准则》。1943 年,德国立法规定改变历史建筑周围 500 米环境要得到专门的批准。1962 年,德国还进一步制定了保护历史性街区的法规。匈牙利、西班牙等国家都先后制定了有关法律。意大利专门立法对历史文化名城实施成片保护,房屋拆迁、维护必须依法,不得擅自修缮。俄罗斯立法规定世界遗产区域内不准乱拆乱建。

1885 年,加拿大联邦政府颁布了国家公园行政法令,现已有 6 部与保护国家公园相关的国家立法。其中与保护体制相关的有《加拿大遗产部法》《加拿大国家公园局法》;在自然遗产管理方面有《加拿大国家公园法》;在文化遗产管理方面有《遗产火车站保护法》。

澳大利亚非常重视遗产保护立法,目前已建立起十分完善的遗产保护和旅游管理的法律法规体系。《大堡礁海洋公园法》(1975)是关于海洋公园的基本法,其法规为海洋公园的建立和管理提供了框架。昆士兰州政府制定的《昆士兰海洋公园法》(1990),对邻近海域的保护提出了补充规定。另外还有关于大堡礁的专项立法,如《大堡礁海洋公园法(环场管理消费税)》(1993)、《大堡礁海洋公园法(一般环场管理费)》(1993)、《大堡礁地区(禁止采矿)条例》(1999)、《大堡礁海洋公园(水产业)条例》(2000)、《环场保护和生物多样性保护法》(1999)等。澳大利亚关于保护大堡礁法律法规的条款很细,可操作性很强,避免了执法的随意性和产生摩擦。

为了有效地保护和充分利用日本的自然风景区,日本颁布了《自然保护法》《自然公园法》《都市计划法》《文化财保护法》等 16 项国家法律,以及《自然环境保护条例》《景观保护条例》等法规文件,形成了日本自然保护和管理的法律制度体系。日本国家公园的保护和利用法规由国家环境厅制定,每 5 年修订一次。准国家公园适用的法规仿照国家公园的标准,由国家环境厅、都道府县制定。1960 年韩国政府颁布了《无形文化财产保护法》。此外,在欧洲许多国家,诸如德国、芬兰、挪威等国,在近半个世纪中,都先后颁布了相关的文化遗产保护法案,建立了完整的保护机制,形成了文化遗产保护的法制秩序和良好的人文环境。

第三节　发达国家文化遗产保护的经验

一、法国文化遗产保护的经验

1. 建立完备的文化遗产保护制度与法律体系

法国是近代大陆法系的开创者,对人类法制文明的发展做出了贡献。同样,法国的遗产保护制度与法律体系的建立与完善,对人类文化遗产的保护也做出了突出的贡献。

法国文化遗产的法律保护最早可以追溯到法国大革命时期的"国家遗产"概念。1840 年,法国颁布了世界上第一部近现代意义上的文化遗产保护法——梅里美《历史性建筑法案》。1887 年颁布了《纪念物保护法》,明确规定了作为法国文化遗产的传统建筑的保护范围与标准。1913 年颁行《历史古迹法》,确立了对文化遗产进行法律保护的两种主要形式,即分类保护和登记保护,并将文化遗产的法律保护对象由国家所有的历史古迹扩展至私人所有的历史古迹、艺术品、自然古迹、文化景观。1930 年颁布的关于自然遗产保护的《景观保护法》、1941 年的《考古发掘法》和 1943 年关于历史古迹周边保护的法律,将遗产概念范围扩展至自然遗产和考古遗产,并对历史古迹连同其周边环境予以整体保护。

1945年后,法国的城市改造成为这一时期的重头戏,传统建筑面临巨大威胁,1962年关于设立"历史街区"的《马尔罗法》应运而生。它明确提出了"保护地段"的概念,从这时起,法国才有了真正的城市建设规划。1973年颁布的《城市规划法》是一部专门针对城市改造的文物保护法,法规再次重申了对历史街区等文化遗产实行整体保护原则。

1983年与1993年法国颁布了《建筑、城市和景观遗产保护区》法,使遗产概念在自然遗产领域和文化遗产领域得到进一步扩展,由此,海洋文化遗产、各种公共藏品、各种具有重要价值的文化财产等都被纳入法律保护的范围之内。2004年法国颁布了《遗产法典》,该法典的实施标志着法国文化遗产法进入系统化、法典化时期。关于遗产的概念、种类、范围、保护方式、保护程序、法律责任以及资金补助等都得到进一步明确。

法国文物保护法律法规的颁布实施,使得法国文化遗产的保护范围从单个历史文化遗迹的保护到整体环境的保护,再逐步扩展到对具有特定价值的整片遗产所在地域的保护,并进一步由自然环境保护再过渡到社会环境、历史环境的保护上,遗产的价值在整体保护中得到完整地体现。至此,一个科学的文化遗产法律保护体系得以建立。从法国文化遗产保护法律体系的发展历程可以看出,法国对文化遗产的保护偏重于对有形文化遗产的保护,遗产的鉴定也多以物化的形态出现,对非物化遗产保护的法律法规体系较少。但不可否认,法国的文化遗产保护体系有着系统性、完善性和科学性的制度设定。

法国注重遗产保护的科学性和专业性。严格规定了保护区设立和管理的专业性,在分类和登记保护基础上,针对不同类型的遗产设立专门的咨询机构与监督检查和审批机构。法国《遗产法典》明确要求:在适用或解除分类保护或登记保护之前,一般须先征求由国家设立的专门咨询机构的意见,然后由行政机关发布保护命令。在保护过程中须接受国家专门机关的监督

和检查,对文化遗产进行修复或维护须由专业的机构进行。如:对历史古迹进行分类或登记,须征求"历史古迹国家委员会"的意见;对历史古迹周边环境的保护,在涉及如何确立以历史古迹名义分类或登记的不动产的可视范围时,须征求法国建筑师(ABF)的意见;对博物馆藏品的修复须咨询相关科学机构并由有专业资格或有职业经验的专业人士进行;在对历史街区的保护中,对可能影响历史街区风貌的外围建筑进行修复、改扩建及拆除时须征得法国建筑师的同意;在设立"建筑、城市和景观遗产保护区"的过程中须有法国建筑师的参与;在保护区内进行相关工程的建设也须征得法国建筑师的同意。另外,分类和登记保护的实质,是用不同的保护方式将具有较高历史、艺术、考古、审美价值的遗产纳入国家不同层次的保护范围,通过对遗产所有权人设置特定的限制,如不得随意转让、未经允许不得改变遗产原貌、接受国家监控等,达到对遗产进行有效保护的目的。

法国对文化遗产进行专业性的保护,与其高度重视文化遗产的传统有关,其很早就建立起来一批专业研究机构与咨询机构。大革命时期为保护艺术品免遭破坏,法国于1790年设立了"古迹委员会",专门保护古迹及开展研究。1882年,法国成立了"卢浮宫学院",用以培养遗产保护人才。另外,巴黎第一大学于1973年设立文化遗产保存和修复部,将文化遗产的保护法律正式列入高等教育课程,相当多的大学还设立了关于文化遗产法研究的硕士专业。1990年,法国成立了"国家遗产学院",用来培养文化遗产保护的高端专业人才。专业的、科学的法律保护和技术维护为法国文化遗产保护提供了支撑。

2. 充分发挥民间遗产保护组织的作用

法国政府善于促进民间文化遗产保护组织发挥作用。在法国,文化部牵头实施文化遗产保护工作,但在具体实施上,则由考古调查委员会、文化艺术遗产委员会、历史纪念物基金会等民间组织完成。据最新材料显示,法国共有文保民间组织1.8万多个。协会多由专家、学者和文物爱好者组成，一般都具有较丰富的专业知识，能够向政府提出抢救与保护文化遗产的各种计划，且还能负责具体项目实施。

法国的民间组织与官方的密切协作，是法国的文化遗产保护工作顺利进行的关键。民间组织成员都是本地人，非常了解本地情况，并熟悉文化遗产的保护方式，他们在遗产的发现、鉴定与保护、筹资等方面发挥着重要作用。民间协会通过自办刊物、向议员提意见、组织学术活动等方式表达对文化遗产保护法的看法，以持久地影响当局，他们还常常根据工作需要，印刷宣传资料、论文集、摄影集及内部资料，向民众进行文化普及与教育，在课堂、博物馆、遗产日、比赛、展览展示现场，在古堡、磨坊、教堂等遗产地宣讲遗产知识，增强国民的保护素养。

在法国，遗产保护民间协会组织，经常筹款用于遗产保护，民间组织赞助遗产保护的方式呈多样化。民间团体及开发商等由多方代表组成，遗产保护协会对遗产保护资金拥有管理权、审批权。这种民间的保护活动极大地节约了政府的开支。法国政府为调动民间保护遗产的积极性，2001年将"国家遗产日"的主题定为"遗产与协会"，就是进一步鼓励社会组织参与文化遗产抢救的积极性；政府与许多民间保护遗产协会签订协作契约，一是给予其参与遗产政策制定权；二是把一些遗产管理权承包给有责任心的民间组织，使其"责、权、利"统一。

法国的民间遗产保护协会在文化遗产保护中所起到的积极作用，对中国文化遗产的保护有着积极的借鉴意义。中国文化遗产资源丰富，在新农村建设与城市化进程中，存在着众多文化遗产来不及抢救或被破坏的危机，如果单靠政府之力，很难面面俱到，而且在财政与人力上也难以承担。发挥民间组织协会的积极作用，动员民间资金投入到文化遗产保护中，有效地解决中国现代化进程中面临的遗产保护问题。

3. 实施国家与地方结合的遗产管理模式

法国的文化遗产保护立法体系采用国家与地方相结合的方式,是法国
文化遗产保护的另一特点。中央政府依法通过行政管理、资金控制等手段
实现对文化遗产的监管,地方政府承担遗产保护的具体责任。法国文化部
下设文化遗产局,地方设立对应机构,负责文物古迹的调查、监督和维护。

法国的市级管理成功的范例是普罗万小镇。普罗万小镇曾是欧洲重要
的商旅之城,散发着欧洲中世纪古城的浓厚韵味,成为见证法兰西文化历史
的典范。普罗万市政府在古城的保护中强调文化遗产保存的完整性,无论
是城市规划,还是建筑风格,一直保持中世纪的城镇风貌。城内街道、广场、
教堂、石屋、民舍、小桥、铁栏,一切都精心保持着原貌。2001 年 12 月,联合
国教科文组织将普罗万列入世界文化遗产名录,评价如下:"普罗万印证了
11—13 世纪欧洲经济、贸易、文化和城市建设规划上的巨大影响,至今一直

保持着城市的原始结构和真实风貌。它是建筑上的一个杰出典范,代表着欧洲大陆经济文化交流的发端。"法国前总统希拉克说:普罗万居民"担负着守护这座给法国带来骄傲的城市的重任。我相信他们心中的强烈感情会促使其珍惜这座城市,并将与所有的来访者一起分享和爱护这一遗产"①。

　　另外,法国对文化遗产的开发和利用并非完全依赖市场,政府在这个过程中始终扮演着主导角色。例如:法国将国家及公共机构所有的历史古迹低价对外开放;对个人所有的历史古迹通过税收优惠政策鼓励其对外开放;设立免费参观日、文化遗产日、25 岁以下的公民以及教师可免费参观文化遗产,春天举办"博物馆日",秋季举办"文化遗产日",卢浮宫、凯旋门等著名博物馆和历史古迹也在免费开放之列。卢森堡公园是法国参议院所在地,公园免费向公众开放。这些措施在一定程度上提高了民众参与文化遗产保护

① 　朱兵:《法国名镇普罗万》,《人民日报》2004 年 8 月 27 日。

的意识和热情。

总之,法国文化遗产保护法律在立法体系、制度设计、理念应用等方面的经验,对完善中国文化遗产保护法律具有重要借鉴意义。

二、意大利文化遗产保护的经验

意大利是最早开始文化遗产保护的国家。1800 年教皇庇护七世率先开始做出保护文化艺术遗产的行动。他在 1802 年颁布的敕令中规定:"未经教皇许可,禁止挖掘、出口艺术品。"他还下拨了发展博物馆的经费,倡导改善考古学教学。1872 年意大利颁布了第一部《文物建筑保护法》,1932 年又制定《文物建筑修复标准》。最重要的是,意大利将文化遗产保护作为重要国策写入了宪法,规定共和国政府负责对艺术、历史遗产和景点进行保护,具有绝对保护权。政府设有文化遗产部,并实行"政府负责保护,私人或企业进行管理和经营"的模式。

1. 垂直的文化遗产管理体系

意大利是世界文明发源地之一,拥有众多文明遗产。意大利政府对文化遗产管理和保护实行中央政府垂直管理的行政体制,设立文化遗产部,直接管理国内的文化遗址、考古区、文物建筑、文物和博物馆藏品。1975 年又专门组建了文化遗产管理局。文化遗产部统一管理全国的文化遗产保护,遗产部代表中央政府任命遗产部代表并派驻各地,履行中央政府法令,有权对地方政府以及个人破坏文化遗产的行为予以直接处罚。地方政府的保护机构只负责本地文化遗产的宣传和推广。

意大利法律还规定,凡超过 50 年的建筑和艺术品均可归为文化遗产。凡列入政府文化遗产名录的古建筑,不经中央政府批准不得任意改变建筑的外观和结构。未经政府批准不得出售,如出售必须优先卖给政府,修缮时可以向政府申请补贴,最高可以补贴 100%。如果修缮或改造未经中央政府批准,当事者将面临严重处罚。一是由中央政府派专家按照遗产原样予以修复,资金由破坏遗产者支付;二是要承担相应的民事、刑事责任。这一规定适用于任何遗产的拥有者以及遗产的破坏者包括地方政府。法律的严密规定直接、有效地确保了遗产的完整性。

2. 独具特色的文物执法宪兵部队

意大利还创建了世界上绝无仅有的文物宪兵部队。该部队建于 1969 年,目的是为了打击文物走私与被盗,保护文化遗产。宪兵部队直接听从文化遗产部命令,有权协调指挥其他部门的警察统一执法,并与世界上的多个国家的警察机构互通信息。文物宪兵还负责查处赝品、追索非法流出意大利境外文物,如与美国大都会博物馆就一件意大利古罗马时期的雕塑谈判了 10 年,终于索回。文物宪兵司令部设有一个最权威、最丰富的意大利文化遗产文物信息中心,已收录并编目的各类文物艺术品超过 400 万件,覆盖了意大利所有的重要文物场所和遗产地。无论是绘画、雕塑还是其他艺术品,都有详细的分类和作者、年代、尺寸、地点等说明,可以在很短的时间内检索出来。文物宪兵在执法时可及时通过电脑进入信息中心进行查询、比对。

根据意大利法律规定,文物经营者和所出售的文物必须在遗产部登记备案,并记录在信息中心内,如果所出售文物在信息中心中被检索出是未登记备案的,文物宪兵可将其查封没收,并以伪造、走私、非法销售等罪名提起指控。文物宪兵创建后的30年中,共追回16万件被盗艺术品,32万件非法盗掘的地下文物。

意大利是一个文化资源大国,保存着世界上约70%的文物古迹及历史、考古和艺术资源,是目前收入《世界遗产名录》遗产数量最多的国家。意大利文化遗产保护的成功,应该说在很大程度上,依赖于符合意大利自身情况的文化保护模式,中央政府的垂直绝对管理,避免了现代化进程中由于地方或个人利益原因而造成的文化破坏,而且能从长远利益出发,处理好保护与持续发展的关系。

3. 积极、灵活的资金筹集政策

意大利文化遗产保护模式的成功,还依赖于政府绝对的财政支持和灵活的资金筹集政策。意大利文物保护的大量资金主要由政府承担,政府每年要从预算中拨出20亿欧元用于文化遗产保护。意大利政府在1996年通过法律规定,将彩票收入的千分之八用于文化遗产保护。同时,还通过政府条例,鼓励私人"领养"文物遗迹,以吸引私人投资。如2000年颁布《资助文化产业优惠法》和2002年设立的"文化遗产和可持续旅游交易所",给予个人和私有企业更多税收优惠,吸引了意大利国内外许多企业投入遗产保护事业,成为政府经费之外的另一项重要经费来源。

从1994年起,意大利政府开始了遗产管理的另一重要阶段,将一些古迹、遗址、博物馆等逐步交由私人资本管理,但国家依然是遗产所有者,遗产的开发权、重要的人事任免、开放时间及票价也由文化遗产部决定。多元化的资金保障确保了文化遗产得到妥善保护,也促进了当地就业和相关产业的发展,文化遗产保护呈现出良性发展的态势,并充满活力。

寻求国际社会的援助,是意大利筹集文化遗产保护资金的又一路径。以水城威尼斯为例,其文化遗产遍布整个城市的大街小巷,意大利在斥巨资对各类文化遗产进行保护的同时,得到联合国教科文组织的支持,获得了来自世界各地的30多个以拯救这座城市及其名胜古迹为宗旨的民间组织的援助。这些组织通过各自的渠道、以各自的方式运作。如坎纳雷焦区的哥特式花园圣母教堂,它的保护和维修得到了英国的资助。建于1481年至1489年的"奇迹圣玛利亚教堂"是威尼斯教堂中最精美的代表作,得到了一个以"美国人拯救威尼斯"命名的组织50万美金的捐助款。

多渠道筹集资金,积极发掘文化遗产自身的功用。据2001年联合国统计资料显示:意大利旅游入境人数排名世界第三,每年吸引近4亿游客前去观光、消费,拉动了第三产业的快速发展。这不仅是因为西方文明中最有代表性的古迹有60%~70%集中在意大利,而且也要归功于意大利对这些文化遗产原真性和完整性的保护。

三、日本文化遗产保护的经验

日本的遗产资源被认为是国家和全体国民的文化财富,保护文化遗产是政府的基本职责,也是所有国民的义务。因此,日本基本上形成了国家、地方自治体、各种社会团体、文化遗产拥有者和全体国民一起保护的格局。

1. 完善的文化遗产保护制度和法律体系

以《文化财保护法》为核心的法律体系。日本的文化遗产保护制度约始于明治时代,后经一百多年的修改和补充,逐渐趋于完善。1871年,日本《古器物保存法》出台,1897年公布《古社寺保存法》,1919年实施《史迹名胜天然纪念物保存法》,1929年颁布《国宝保存法》,1933年颁布《重要美术品保护法》。60多年间,日本逐步构建了史迹、天然纪念物、民族传统工艺美术品以及"特别建造物及国宝"的认定和保护制度,实现了从单一的保护到逐步构建法律体系的进步。

　　1950 年日本政府颁布了《文化财保护法》,这是一部全面、系统的有关文化遗产保护的法律。该法涵盖了此前所有的关于文化遗产保护方面的法律条款,并首次将"无形文化财"列入文化遗产保护范围之内,在法律上正式确立了非物质文化遗产的地位,从而形成了更加完整的"文化财"理念。此举对世界文明做出了重大贡献。该部法律将国家、社寺、地方自治体和个人所有的"文化财"均列入保护范围之内,还规定设置"文化财"保护委员会,制定了"文化财"保护的中央与地方的协作行政体制。

　　《文化财保护法》自公布后经历了数次修订。1954 年修订的重大功绩是:于创设"无形文化财"认定制度之时,将体现民众生活价值的"重要民俗资料"单独列出,创造性地表现出对非物质文化遗产的空前重视。1968 年的修订是成立了文化厅和设立了"文化财保护审议会",确立了统一行政保护的制度。

　　1975 年《文化财保护法》的修订是一次更为重要的修订行动。一是进一步充实了"民俗文化财""重要无形文化财"和"有形文化财"的指定制定,新设"保护地区",将传统建筑群、乡镇、村落、街区列入保护范围,并提出提升技术水平,为科技在遗产保护运用中发挥重大作用奠定了基础;二是设立地方"文化财专门委员会"和"文化财保护审议会",完善了地方文化遗产保护的行政机制。

　　时隔 20 年,日本政府于 1996 年再次修订该法律,根据修订后的规定:日本建立了"文化财登录制度",将遗产登录扩大到普通国民,调动了全民参与遗产保护的热情。该部法律还明确了遗产保护"指定都市"的地方责任和权力。2004 年,该法律又新增文化景观保护制度、扩充文化财登记制度,以及新增民俗技术为保护对象。

　　综上所述,日本政府在保护文化遗产的法律体系构建方面较为成功。与法国、意大利两国相比,其现行的《文化财保护法》体系严谨而全面,创立

了由"有形文化财""无形文化财""传统建筑物群""民俗文化财""纪念物"在内的遗产保护体系。日本的保护理念对联合国教科文组织制定《保护非物质文化遗产国际公约》产生了重大影响。

2. 充分发挥民间遗产保护组织的作用

日本国民积极认同国家立法保护文化遗产,形成了全民参与文化遗产保护的局面。其中,民间文化遗产保护组织在保护文化遗产方面发挥着相当重要的作用。

在日本,各地都建有保护地方文化遗产的民间社团。如丰桥市有被评为国家"重要无形民俗文化财"的祭祀活动——"鬼祭",其"管理者"为"丰桥鬼祭保存会",每年举行祭祀活动时,该保存会负责宣传推广、组织和实施,对传承、保护和开发文化遗产起到了不可或缺的作用。

在日本,无论企业、媒体或是学校还是社区居民,都愿意参与文化遗产

保护活动,如用传统方式组织、宣传、赞助地域社区的纪念、祭祀等活动。另外,日本文化遗产保护组织每年都要举办各种民俗大赛,如"相扑""斗牛""人间国宝"比赛、展演等,通过各种活动使日本国民对民族传统文化保持极大的热情,形成浓郁的热爱文化遗产的氛围。

3. 建立严谨科学的遗产资源保护体系

日本对文化遗产的保护不仅仅体现在法律体系的不断完善和管理手段的不断创新上,还体现在严谨的科学技术和科研态度上。日本将田野调查和扎实的学术研究积累结合起来,形成了全面的保护网络。日本政府和学界曾多次组织全国规模的农村、山村及岛屿的民俗调查行动,积累了翔实的第一手资料,在此基础上,出版刊行颇为详细的村、町(镇)、市、县"地方史记录"和"民俗志报告",以及"无形文化财记录""民俗资料紧急调查""民谣紧急调查"等文件。1950 年,实施《文化财保护法》以后,日本学界撰写了大批

《文化财调查报告书》，为文化遗产的保护及利用打下了坚实的基础。如1976年"花祭"被日本政府认定为国家级"重要无形民俗文化财"，为日后"花祭"遗产应用于旅游观光资供了基础。现在中国也已开始进行全国文物大普查，并第一次对可移动文物进行大规模普查。日本对无形文化财坚持不懈的田野调查和记录制度，非常值得我国借鉴。

4. 实施文化财"共有化"政策

日本政府和民众认为，文化遗产是日本文化未来发展的重要基础。因此，文化遗产在社会教育、国民文化教养的养成、学术研究等方面具有特殊意义。日本法律规定，文化遗产必须向全体国民公开展示，最大限度地发挥文化遗产的影响和价值。例如，日本不断促进文化遗产的"共有化"，若是有人想变卖具有文化遗产价值的房产或收藏品，政府就会想方设法买下来，作为公共的财富予以保护。再有就是努力促使文化遗产公开展示，充分发挥

文化遗产在国民教育和文化的认知、传播与交流等多方面的功能,还开展青少年体验文化遗产和乡土艺术的各种活动等。

5. 重视地方性文化遗产的保护

日本还很重视对地方性文化遗产的保护。近些年来,日本政府文化厅组织和实施了一系列的"家乡文化再兴事业""地域艺术文化活性化事业""地方文化情报系统""推进青少年体验文化艺术活动"等项目,都是为了支持各个地方的文化遗产事业,一是对地方文化遗产、风土人情、民俗等予以保护,二是努力发展当地具有特色的地方艺术、地方文化产业和生活文化。

第四节　借鉴国际先进经验的思考

"重视文化遗产、保护祖先馈赠给我们的珍宝,将它们尽可能完整地传递给我们的子孙,是我们的责任。"法国、意大利、日本在文化遗产保护方面因各自文化背景、传统习惯、地理环境差异而分别形成了不同的立法体系、管理体系、民众参与体系与资金保障体系等。

第一,文化遗产保护体系的最终形成仰赖于法律体系的构建与完善,以此为标志,从保护内容的不断扩展,到确定保护管理的科技手段,再到确立保护管理的运行程序及保护机构的职能,以及确定保护资金来源的途径、民间团体和监督咨询机构的职能等,保护制度最终以法律法规的形式确定下来。文化遗产保护的法律体系的形成是一个动态过程,随着保护过程中出现的新问题,法律体系不断完善,最终形成全社会遵守的准则。

第二,社会团体与公众参与是国际文化遗产保护的重要特点。社会团体组织和公众成为国家遗产保护机构的重要组成部分,不仅使保护的资金来源多元化,很好地传承本民族文化遗产,使其内化成民族发展的新动力,更使得自上而下的意志和自下而上的保护意愿有机结合起来,达成全民族的保护网络,这一点是中国遗产保护需要学习的。针对中国文物走私屡禁不止的现象,更需要采取全社会民众参与的手段,形成更有力的保护网络。

第三,重视对文化遗产的田野调查和研究成果的积累。这是上述三国的重要经验,尤其在科技飞速发展的今天,科技参与是遗产鉴定、考古、收藏、复制的全过程必不可少的重要手段。尤其在自然环境的不断开发、变化,以及污染的加剧、遗产的不断消失中,记述、影像、录音、三维制作等现代手段,成为我们保存民族文化遗产的重要方法。

第四,在遗产保护外部环境不断变化的大背景下,遗产的保护是动态的。在新城镇和新乡村建设中,保护与建设、利用的关系是:利用首先让位于保护,在保护的基础上合理、科学有序地开发利用,这是我国新农村建设中需要遵循的重要原则。

第五,与我们建设中国特色的社会主义现代化国家一样,各国的遗产保护都有独特的、契合自己国情的模式,中国也有自己独特的国情,我们应当构筑适合我国地大物博、遗产丰厚、历史悠久、分散在农村等国情特点的保护体系。既不照搬,又潜心吸收先进的、共性的经验,共享先进的保护理念,借鉴国际成功的法律法规和制度以及成熟的科技手段,构筑更为完善、更为先进的保护体系,争取在较短时间内使遗产保护事业走在世界前列。

第二章
中国农村文化遗产保护现状的理论分析

第一节　中国农村文化遗产保护综合评价方法

使用数量经济学的综合评价方法对中国农村文化遗产保护水平做分析研究,是丰富该学科研究的重要手段。我们以文化部财务司编著的《中国文化文物统计年鉴》中的"文物业"数据为依据,选取 2000 年、2005 年、2010 年三个时间节点的数据,真实反映"十五""十一五""十二五"期间中国农村文化遗产和文物保护的发展水平,为科学制定发展政策提供依据。

一、综合评价方法介绍

1. 评价的基本思想

评价是指按照一定的标准(客观或主观、明确或模糊、定性或定量),对特定事物、行为、认识、态度等评价对象的价值或优劣好坏进行评判比较的一种认知过程,同时也是一种决策过程。

相对于"描述"仅是如实反映客观实际情况而言,"评价"则涉及对事物价值取向的判断或选择。采用的评价标准不同,就存在不同的评价活动。统计评价是依据统计指标(数据)的实际水平对事物进行定量描述与评判。

统计评价与其他评价活动的最大区别就在于其数量性。本研究将采用统计评价对中国农村文化文物保护状况进行综合评价分析。

运用多个指标对多个评价对象进行评价,被称为多变量综合评价,简称为综合评价。其基本思想是将多个指标转化为一个能够反映综合情况的指标来进行评价。如不同国家综合竞争力、不同地区文化产业发展水平、文化企业经济效益评价等,都可应用此种方法进行评价。在综合评价过程中,不是逐个指标顺次完成的,而是通过一些特殊方法将多个指标的评价同时完成的。同时,要根据指标的重要性进行加权处理,评价结果不再是具有具体含义的统计指标,而是以指数或分值表示参评单位"综合状况"的排序。

通常一个综合评价由 5 个要素组成,即被评价对象、评价指标、权重系数、集结模型及评价者。其中:

被评价对象,即评价活动所要考察的对象。

评价指标,用以从不同侧面刻画所考察系统具有某种特征大小的度量。所有评价指标的集合构成评价指标体系。

权重系数,就刻画某一评价目标来说,这一系数反映了评价指标之间相对重要性的权重系数确定的合理与否,关系到综合评价结果的可信程度。

集结模型,也称综合评价函数。集结模型把权重系数和系统状态值组合在一起,得到一个整体性的综合评价值,达到对系统进行综合评价的目的。

评价者是进行综合评价的评价主体,是组织评价活动的个人或集体。

2. 评价的基本步骤

综合评价的一般步骤包括:明确评价的目标、确定被评价对象、建立评价指标体系、确立与各项评价指标相对应的权重系数、选择或构造综合评价模型、计算综合评价值,得到对评价对象的结论。

明确评价的目标。一般来说,对被评价对象进行评价的目的有两个:一

是用于总结性评价；二是用于发展性评价。确定评价的目的，要从决策和管理的需要出发。只有目的明确、具体，才能根据评价目的去收集所需资料、选择评价方法，才能收到较好的效果。

　　确定被评价对象。一般而言，被评价对象的选择要有普遍性、可比性、可测性。

　　建立评价指标体系。要视具体评价问题而定，一般包括评价指标的确立、原始数据收集、评价指标的若干预处理等步骤。在评价指标的选择上，应遵循体现评价对象本质、系统性、科学性、可比性、可测性等原则。收集原始数据一方面可以查阅现有国内外统计资料，另一方面，就是现场调查或者进行试验。评价指标的预处理包括指标的量化、异常值的处理、指标类性的一致化处理以及无量纲化处理等过程。

　　确定各指标的权重。各指标权重系数的确定，是关系到综合评价结果是否可信的核心问题。确定权重系数的途径有三个：一是主观赋权法；二是客观赋权法;三是主客观结合赋权法。关于具体的赋权方法,在后面将有详细的讨论。

选择或构造综合评价模型。综合评价模型是通过综合指标权重向量和系统状态向量得到一个综合评价值的具体方法。后文将对几个常用的主要综合评价模型进行介绍。具体选择哪一个评价模型,要根据所讨论问题的性质、数据的储备情况等条件来确立。

计算综合评价值,得到对评价对象的结论。运用综合评价模型,得到评价结果。把上述评价结果写成报告,可向有关部门上报或以一定的形式向外公布发表,即提供和发布评价信息,供政府相关部门或者企业决策时参考和应用。

二、中国农村文化遗产保护综合评价体系的构建

1. 关于农村文化遗产保护的理论模型

遵照综合评价的理论要求,我们需要构建"中国农村文化遗产保护"理论模型。

逻辑分析表示,农村文化遗产保护水平应通过内在、外在、客观、主观四个维度构建评价模块。内在因素中,可以把各地文化遗产和文物的禀赋质量、规模质量、载体质量、保护主体质量作为评价要素;外在因素中,可以将遗产对社会和经济产生的作用作为评价要素;主观因素中,我们可以通过一系列手段赋予遗产体现的内在价值作为评价要素;客观要素中,可以把客观体现的效果作为评价的要素。

通过纵向和横向的逻辑分析,我们构建的综合评价体系由下列部分组成,评价总目标为"农村文化遗产保护总绩效指数",该目标由"保护规模系统""保护水平系统""保护效益系统""保护效率系统"四个模块构成。见图2-1。该模型评价模块具有概括全面、相互作用的特点。

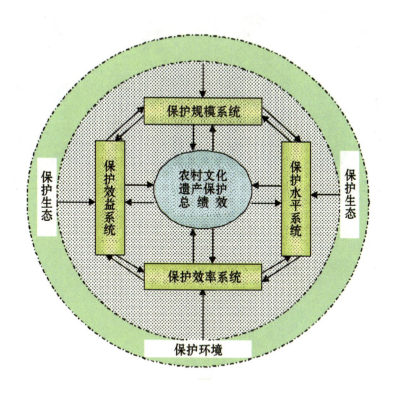

图2-1 农村文化遗产保护评价理论模型

2. 构建综合评价指标体系

依据上述评价理论模型,我们在评价的四个模块的基础上构建了综合评价指标体系框架。中国农村文化遗产保护的"规模指数"以"总量规模指数""投入规模指数"作为评价的三级指标;"保护效益指数"以"经济价值指数""社会贡献指数"作为评价的三级指标;"保护水平指数"以"科技水平指数""管理水平指数"作为评价的三级指标;"保护效率指数"以"保护效率指数""保护功效指数"作为评价的三级指标。见图 2-2。

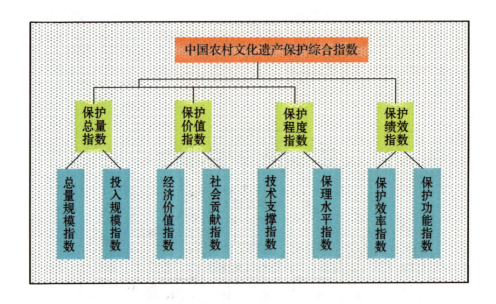

图 2-2 中国农村文化遗产保护评价指标体系框架

我们又在四个子模块、八个评价要素基础上构建了由 24 个四级指标作为测算基础的指标体系,并采用模型对上述四个层次指标赋予权重。见表 2-1。

表 2-1 中国农村文化文物保护综合评价指标体系表

	主指标层	子指标层	编号	指标因子层	指标含义
中国农村文化文物保护总指数 100%	(一) 保护总量指数	总量规模指数 从资源禀赋规模、载体规模、人力规模三方面开展评价	1	农村文物相对丰富度 公式:农村文物总数/国土面积	我国农村文物丰富程度
			2	农村文物保护机构总量规模 公式:农村文物保护机构/全国文物业机构总数比重	物质载体规模
			3	农村文物保护主体规模 公式:农村文物保护从业人员/全国文物业从业人员比重	投入保护主体规模
		投入规模指数 从财政投入、基本建设、固定资产三方面规模展开评价	4	国家财政投入农村文保规模 公式:农村文化保护财政拨款/文化事业费比重	财政支撑规模
			5	文物保护基本建设投入规模 公式:文物业基本建设累计投资额/文化基本建设投资比重	保护载体规模
			6	农村文物保护固定资产原值规模 公式:农村文物业固定资产原值/文物业固定资产总值比重	保护对象资产规模
中国农村文化文物保护总指数 100%	(二) 保护价值指数	经济价值指数 从产出价值、创造价值能力开展评价	7	农村文物业产出价值贡献度 计算方法:农村文物业增加值/占文物业总增加值比重	产出价值能力
			8	农村文物保护产出价值能力 农村文物业总产出增长率	创造效益能力
			9	农村文物保护社会就业比率 公式:农村文保从业人员/第三产业就业总数	带动就业能力
		社会价值指数 从就业带动能力、社会教育能力两方面开展评价	10	农村文化遗产社会教育普及率 农村文物展览参观人数增长率	普及社会意识能力
			11	农村文物保护社会支持率 农村修复、出土、接收、征集文物占当年文物总数比重	社会支持水平
			12	农村文物保护科技支持率 公式:文物保护科研单位增加值增长率	文保技术能力

续表

主指标层	子指标层	编号	指标因子层	指标含义
中国农村文化文物保护总指数 100%	(三) 保护程度指数	技术支撑指数 从科技支撑的主体、过程、结果展开评价	13	农村文物保护主体科技水平 公式:中高级科研人员占文物保护从业人员总数比重	科技主体水平
			14	农村文物一级藏品增长率 公式:	保理控制水平
			15	农村文保资源旅游利用率 公式:农村文物旅游门票收入增长率	资源利用水平
		保理水平指数 从开发利用、安全管理、法律法规健全程度、文物安全危险度,以及直接结果五方面展开管理水平评价	16	农村文物环境安保水平 农村博物馆每万件藏品拥有安保人员数量	安全水平
			17	农村文物保护危险度 公式:农村抢救性挖掘项目/文物业整体考古项目总数	文保生态水平
			18	农村文物保护政策健全度 公式:法律法规和行政法条文规定增长率	监管法律政策水平
中国农村文化文物保护总指数 100%	(四) 保护绩效指数	管理效率指数 从投入效率、保护效率、管理效率三方面进行评价	19	农村文物平均保护效率%(县级)	文保效率水平
			20	农村文物投入产出比率 公式:农村文物业增加值/当年财政投入	投入产出效率
			21	农村文物保护行政资源配置效率% 配置资源合理度	
		保护功效指数 从投入效果、教育效果、法律效果、三角度展开评价	22	农村文化遗产保护效力 公式:投入与文物展览参观人次变化之比	教育效力
			23	农村文化遗产国民教化力 公式:参观总人次/总人口	考察国民文保能力
			24	文物违法与安全案件减少率	维护文物功效

三、关于数据的收集和预处理

1. 数据的收集

由《中国文化文物统计年鉴》(2001、2006 和 2011 年)得到相关指标的取值,参见表 2-2。

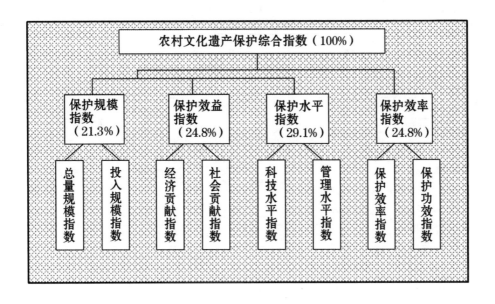

图 2-3　中国农村文化遗产保护评价指标体系权重表 (二级)

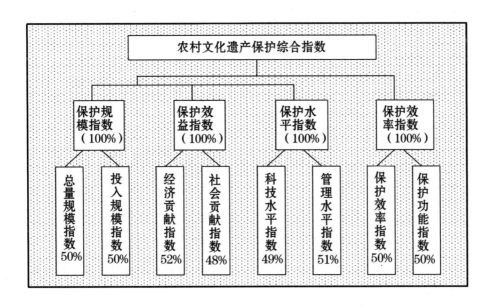

图 2-4　中国农村文化遗产保护评价指标体系权重表 (三级)

表 2-2　相关指标的取值

取值项目	年份		
	2000 年	2005 年	2010 年
国土面积(万平方公里)	960	960	960
全国文物保护机构个数(个)	3604	4030	5207
全国文物业从业人员(人)	66209	82988	102471
文化事业费总额(亿元)	63.16	133.82	323.06
农村文物总数(件/套)	3333145	4400650	5693745
农村文物保护机构个数(个)	2511	2900	3872
农村文物保护从业人员(人)	28489	38961	50042
农村文化保护财政拨款(千元)	333767	698685	3812210
文物业基本建设累计投资额(千元)	2451105	3866959	11172752
农村文物业固定资产原值规模(千元)	1523169	3273905	7131881
农村文物业总产出(千元)	2696101	4781285	11293283
第三产业就业总人数(万人)	19823	23771	26332
农村文物业增加值(千元)	390567	1325607	1943902
农村修复出土、接收、征集的一级文物数(件/套)	5317	8394	11385
文物保护科研单位增加值(千元)	234644	185778	441732
农村文物展览参观人数(千人次)	59219	78290	267797
文物保护中高级科研人员总数(人)	1058	1428	1673
农村博物馆文物总数(件/套)	2037416	2650859	3748929
农村重点文物中一级品的数量(件/套)	8044	10997	14427
农村博物馆安保人员数(人)	1416	2253	4928
农村文物旅游门票收入(千元)	357351	912582	1312212
全国总人口(万人)	126743	130756	133972
法律法规和行政法条文数量(条)	337	1170	1786

对表 2-2 中所涉及的相关数据做如下说明:

①尚无农村文物业增加值 2010 年数据,以 2009 年和 2010 年相关数据推算得到;

②由于无农村文物业总产出 2010 年数据,以 2009 年数据替代;

③由于无文物业基本建设累计投资额 2010 年数据,以 2009 年数据替代;

④由于无2010年文物保护科研单位增加值数据,用2009年数据替代。

依据上述表2-2数据,可得到评价指标体系中四级指标的各年份取值,参见表2-3。

表2-3 评价指标体系四级指标取值

取值项目	年份		
	2000年	2005年	2010年
农村文物相对丰富度	3472.026	4584.010	5930.984
农村文物保护机构总量规模	69.673	71.960	74.361
农村文物保护主体人员规模	43.029	46.948	48.835
国家财政投入农村文保规模	5.284	5.221	11.800
文物保护基本建设投入规模	2451105	3866959	11172752
农村文物保护固定资产原值	1523169	3273905	7131881
农村文物业产出价值贡献度	390567	1325607	1943902
农村文物保护产出价值能力	2696101	4781285	11293283
农村文物保护社会就业比率	1.437	1.639	1.900
农村文化遗产社会教育普及率	59219	78290	267797
农村文物保护社会支持率	5317	7173	12186
农村文物保护科技支持率	234644	185778	441732
农村文物保护主体科技水平	1.555	1.721	1.633
农村文物一级藏品增长率	8044	10997	14427
农村文保资源旅游利用率	357351	912582	1312212
农村文物环境安保水平	6.95	8.5	13.15
农村文物保护政策健全度	337	1170	1786
农村文物保护效率	0.107	0.207	0.230
农村文保投入产出比率	0.256	0.405	0.273
农村文化遗产保护效力指数	5.64	8.92	14.24
农村文化遗产国民教化力	4.672	5.987	19.989

其中,

农村文物保护丰沛度=农村文物总数/国土面积[单位:件(套)/万平方公里];

农村文物保护载体规模=农村文物保护机构数/全国文物业机构总数×100%(单位:%);

农村文物保护主体规模＝农村文物保护从业人员数/全国文物业从业人员数×100%（单位:%）；

农村文化保护财政支持度＝农村文化保护财政拨款额/文化事业费×100%（单位:%）；

农村文物基建投资支持度＝文物业基本建设累计投资额（单位:千元）；

农村文物业固定资产原值规模＝农村文物业固定资产原值（单位:千元）；

农村文物保护经济贡献度＝农村文物业增加值（单位:千元）；

创造价值能力指数＝文物业总产出（单位:千元）；

农村文物保护社会贡献度＝农村文保从业人员/第三产业就业总数（单位:人/每万人从业人员）；

农村文化遗产社会教化力＝农村文物展览参观人数（单位:千人次）；

农村文物保护科技支持水平＝农村文物修复、出土、接收、征集中一级品数量[单位:件(套)]；

农村文物保护科技产出水平＝文物保护科研单位增加值（单位:千元）；

农村文物保护主体创新力＝中高级科研人员数/文物保护从业人员×100%（单位:%）；

农村文物管理机制健全度＝农村重点文物中一级品数量[单位:件(套)]；

农村文物资源开发利用水平＝农村文物旅游门票收入（单位:千元）；

农村文物安全度＝博物馆安全人员数/农村博物馆文物总数（单位:人/万件农村博物馆文物）；

文物保护法律健全度＝法律法规和行政法条文规定条数（单位:条）；

农村文物保护效率＝农村文物旅游门票收入/农村文物总数（单位:千元/件）；

农村文化文物投入产出率＝农村文物业增加值/农村文物业固定资产原值；

农村文化遗产保护绩效指数＝农村文化保护财政拨款额/农村文物展览参观人数（单位:元/人）；

农村文化遗产公众吸引力指数＝农村文物展览参观人数/全国总人口×100%（单位:%）。

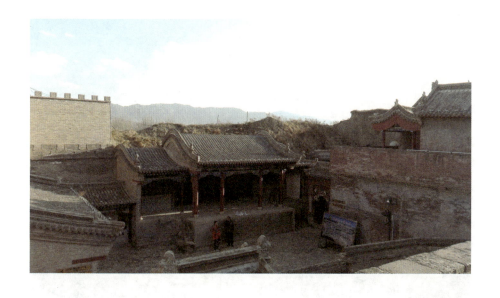

2. 统一量纲

对三级指标而言,各指标的量级不一样,因此需要对各个指标进行无量纲化,以统一量级。常用的无量纲方法是正态标准化,即:

$$x' = \frac{x - \bar{x}}{s} + 100$$

其中 x 是原始值,x' 是变换后的指标取值,$\bar{x}$ 是样本均值,s 是样本标准差。但采用正态标准化进行无量纲化处理存在的问题是,标准化后的数据会出现负值,有可能导致综合评价值取值为负值,导致难以从经济学上加以解释。而通常的处理,如:

$$x' = \frac{x - \bar{x}}{s} + 100$$

会导致最后的综合评价结果失真。因为正态标准化后的值在 0 值附近,加上 100 会导致标准化后数据间的差异性弱化。

本研究采用的无量纲化处理方法是均值化处理,即:

$$x' = \frac{x}{\bar{x}}$$

其中是原始值,是变换后的指标取值,是样本均值。

四、权值选择

1. 二级指标赋权

本研究对二级指标赋权采用层次分析法。

一般来说,运用层次分析法建立判断矩阵时赋值规则是:同一层次内的两元素两两比较,当第 i 个元素与第 j 个元素相比一样重要时,赋值为 1,稍微重要时为 3,明显重要时为 5,强烈重要时为 7,极端重要时为 9。2、4、6、8 表示上述相邻判断的中间值。本课题在此进行一些改变,以减少最大值与最小值之间的差距。规则是:同一层次内的两元素两两比较,当第 i 个元素和第 j 个元素一样重要时,赋值为 1;当第 i 个元素比第 j 个元素稍微重要时为 1.3;第 i 个元素比第 j 个元素明显重要时为 1.5;第 i 个元素比第 j 个元素强烈重要时为 1.7;第 i 个元素比第 j 个元素极端重要时为 1.9。1.2、1.4、1.6、1.8 表示上述相邻判断的中间值。依据综合分析,对二级指标(保护规模、保护水平、保护效益以及保护效率)得到如下的判断矩阵,见表 2-4。

本课题采用和积法确定各因素的权重。首先将判断矩阵中元素每一列按以下公式进行正规化：

$$X_{ij}^{'} = X_{ij} / \sum_{i=1}^{n} X_{ij} \qquad i,j = 1,2,3,4$$

其中 X_{ij} 为判断矩阵中的元素, $X_{ij}^{'}$ 为正规化之后的值。

表 2-4　判断矩阵

	保护水平	保护效益	保护效率	保护规模
保护水平	1	1.2	1.2	1.3
保护效益	0.833	1	1	1.2
保护效率	0.833	1	1	1.2
保护规模	0.769	0.833	0.833	1

对正规化后的值进行按行加总：

$$w_{i}^{'} = \sum_{j=1}^{6} X_{ij}^{'} i \qquad i = 1,2,3,4$$

对按行加总得到的值进行归一化, 得到各类因素的权重, 即特征向量：

$$w_{i} = w_{i}^{'} / \sum_{i=1}^{6} w_{i}^{'} \qquad i = 1,2,3,4$$

$$W = (0.291, 0.248, 0.248, 0.213)$$

计算最大特征值：

$$\lambda_{max} = \sum_{i=1}^{4} \frac{\sum_{j=1}^{4} X_{ij} \times w_{j}}{4 \times w_{j}} = 4.0013$$

分别计算一致性指标 CI 和一致性检验系数 CR：

$$一致性指标\ CI = \frac{\lambda_{max} - n}{n - 1} = \frac{4.001 - 4}{4 - 1} = 0.0004$$

$$一致性检验系数\ CR = \frac{CI}{CR} = \frac{0.0004}{0.9} \approx 0.0004$$

因为 $CR < 0.1$, 则判断矩阵一致性检验通过。

由此得到二级指标的权重值如下, 参见表 2-5。

表 2-5　二级指标权重

	保护规模指数	保护效益指数	保护水平指数	保护效率指数
权重	0.213	0.248	0.291	0.248

2. 三、四级指标赋权

经过综合考虑,本研究对三四级指标的赋权参见表2-6。

表2-6　三四级指标赋权

三级指标	权重	四级指标	权重
总量规模指数	0.5	农村文物保护丰沛度	0.33
		农村文物保护载体规模	0.33
		农村文物保护主体规模	0.34
投入规模指数	0.5	农村文化保护财政支持度	0.36
		农村文物基建投资	0.34
		农村文物业固定资产原值规模	0.3
创造价值指数	0.52	农村文物保护经济贡献度	0.6
		创造价值能力指数	0.4
社会贡献指数	0.48	农村文物保护社会贡献度	0.6
		农村文化遗产社会教化力	0.4
科技水平指数	0.49	农村文物保护科技支持水平	0.33
		农村文物保护科技产出水平	0.33
		农村文物保护主体创新力	0.34
管理水平指数	0.51	农村文物管理机制健全度	0.25
		农村文物资源开发利用水平	0.25
		农村文物安全度	0.25
		文物保护法律健全度	0.25
保护绩效指数	0.5	农村文物保护效率	0.5
		农村文化文物投入产出率	0.5
保护功效指数	0.5	农村文化遗产保护绩效指数	0.6
		农村文化遗产公众吸引力指数	0.4

第二节　中国农村文化遗产保护水平综合评价分析

一、2000 年以来农村文化遗产保护水平综合评价

评价结果表明,2000 年以来,中国农村文化文物保护水平呈现持续增长的趋势。2000 年,中国农村文化文物保护综合评价指标取值仅为 62.778;2005 年,指标取值达到 92.592,与 2000 年相比增长了 47.49%。2010 年,中国农村文化文物保护综合评价指标取值为 144.63,与 2000 年相比增长了 130.38%,与 2005 年相比增长了 56.2%,参见图 2-5。

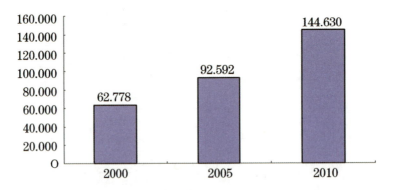

图 2-5　2000—2010 年中国农村文化文物保护综合评价指数

从增长速度来看,"十五"期间,中国农村文化文物保护水平实现年均 7.7% 的增长速度,"十一五"期间,中国农村文化文物保护水平实现年均 9.33% 的增长速度,参见图 2-6。显然,与"十五"期间相比,"十一五"期间,中国农村文化文物保护水平得到了更快的发展。

中国农村文化文物保护水平的提升由农村文物总量和农村文物保护从业人员数量的增长来体现。从农村文物总量来看,2000 年中国农村文物总数为 333.3 万件/套,到 2005 年增长至 440.07 万件/套,增长了 32.03%;2010 年,中国农村文物总数为 569.3745 万件/套,与 2005 年相比增长了 29.38%,与 2000 年相比增长了 70.83%。从从业人员数量来看,2000 年中国农村文物保护从业人员为 28489 人,到 2005 年增长至 38961 人,增长了

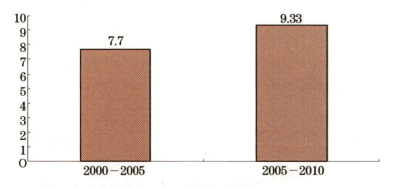

图 2-6　2000—2010 年综合评价指数增长速度比较(单位:%)

36.76%;2010 年,中国农村文物保护从业人员为 50042 人,与 2005 年相比增长了 28.44%,与 2000 年相比增长了 75.65%。

从对中国农村文化文物保护综合评价指标增长的贡献率来看,在不同阶段有着不同的特点。2000 年至 2005 年,在中国农村文化文物保护综合评价指标的增长过程中,保护规模指数的贡献率为 11.773%,保护效益指数的贡献率为 30.827%,保护水平指数的贡献率为 25.314%,保护效率指数的贡献率为 32.086%,见图 2-7。这表明,"十五"期间,中国农村文化文物保护综合评价指标的增长主要源于保护效益指数和保护效率指数的增长,两者的贡献率达到 62.913%。

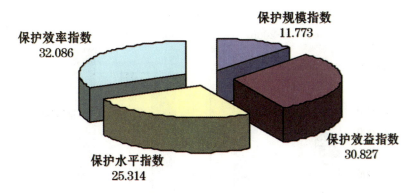

图 2-7　2000—2005 年综合指数贡献率分析(单位:%)

2005 年至 2010 年间,在中国农村文化文物保护综合评价指标的增长过程中,保护规模指数的贡献率为 23.656%,保护效益指数的贡献率为

32.85%,保护水平指数的贡献率为 26.044%,保护效率指数的贡献率为 17.449%,参见图 2-8。也就是说,"十一五"期间,中国农村文化文物保护综合评价指标的增长主要源于保护效益指数和保护水平指数的增长,两者对综合指数增长的贡献率达到 58.89%。

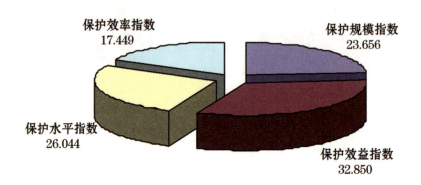

图 2-8 2005—2010 年综合指数贡献率分析(单位:%)

对比两个时期的贡献率分布可知,"十一五"期间,保护规模指数对综合指数增长的贡献率得到较大提升,而保护效率指数对综合指数增长的贡献率有较大幅度的下降。与此同时,保护效益指数和保护水平指数对综合评价指数增长的贡献率都有小幅的上升,参见图 2-9。

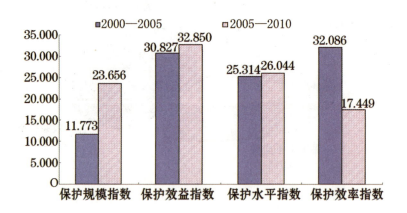

图 2-9 2000—2010 年不同阶段综合指数增长的贡献率分布比较(单位:%)

二、中国农村文化遗产保护评价中的保护规模指数

2000 年以来,保护规模指数呈现持续增长的趋势。2000 年,保护规模指数取值为 69.749,2005 年,指标取值达到 86.228,与 2000 年相比增长了 23.63%。2010 年,保护规模指数取值为 144.022,与 2000 年相比增长了 106.49%,与 2005 年相比增长了 67.02%,参见图 2-10。

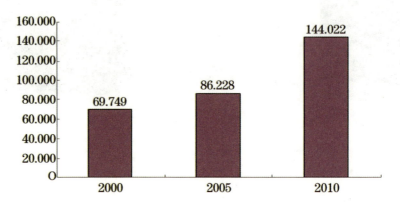

图 2-10　2000—2010 年农村文化遗产保护规模指数历史取值

从增长速度来看,"十五"期间,保护规模指数年均增长速度仅为 4.33%;"十一五"期间,保护规模指数年均增长速度达到 10.8%,参见图 2-11。这表明,与"十五"期间相比,"十一五"期间,保护规模指数实现了更快的增长。

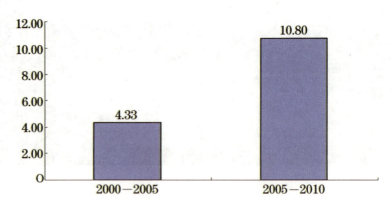

图 2-11　2000—2010 年农村文化遗产保护规模指数年均增长速度比较(单位:%)

从对保护规模指数增长的贡献率来分析,2000年至2005年间,在保护规模指数的增长过程中,总量规模指数的贡献率为35.8%,投入规模指数的贡献率为64.2%。2005年至2010年间,在保护规模指数的增长过程中,总量规模指数的贡献率为10.4%,下降了25.4个百分点;而投入规模指数的贡献率为89.6%,上升了25.4个百分点。参见图2-12。

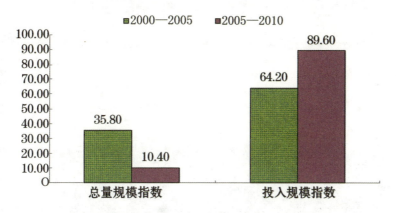

图2-12 2000—2010年农村文化遗产保护规模指数增长的贡献率分布比较(单位:%)

保护规模指数增长的贡献率分布表明,在2000年至2010年期间,投入规模指数的增长是保护规模指数增长的主要因素。尤其是"十一五"期间,投入规模的增长对保护规模指数增长起着决定性的作用,其贡献率达到了89.6%。

三、中国农村文化文物保护评价中的保护效益指数

2000 年以来,农村文化遗产保护效益指数呈现持续快速增长趋势。2000 年,保护效益指数取值为 52.318;2005 年,指标取值达到 89.376,与 2000 年相比增长了 70.83%。2010 年,保护规模指数取值为 158.306,与 2000 年相比增长了 202.58%,与 2005 年相比增长了 77.12%,见图 2-13。

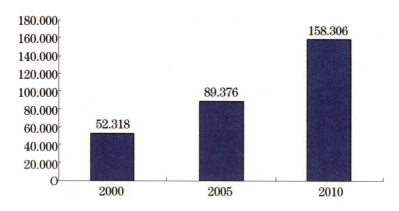

图 2-13　2000 年、2005 年、2010 年农村文化遗产保护效益指数历史取值

从增长速度来看,"十五"期间,保护效益指数年均增长速度为 11.30%,"十一五"期间,保护效益指数年均增长速度为 12.11%,参见图 2-14。这表明,保护效益指数的年均增长速度在"十五"和"十一五"期间差异不是很大。

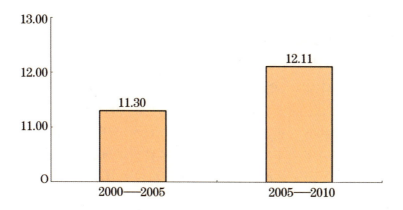

图 2-14　2000—2010 年农村文化遗产保护效益指数年均增长速度比较(单位:%)

105

从对保护效益指数增长的贡献率来分析,2000 年至 2005 年间,在保护效益指数的增长过程中,创造价值指数的贡献率为 83.23%,社会贡献指数的贡献率为 16.77%;2005 年至 2010 年间,在保护效益指数的增长过程中,经济贡献指数的贡献率下降为 54.34%,社会贡献指数的贡献率上升为 45.66%,参见图 2-15。

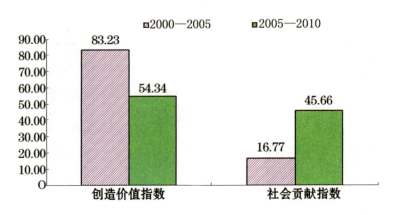

图 2-15　2000—2010 年农村文化遗产保护效益指数增长的贡献率分布比较(单位:%)

保护效益指数增长的贡献率分布表明,在 2000 年至 2005 年期间,创造价值指数的增长是保护效益指数增长的决定性因素,其贡献率达到 83.23%。而在 2005 年至 2010 年期间,尽管创造价值指数仍然是保护效益指数增长的主要因素,但其贡献率已降至 54.34%。与此同时,社会贡献指数对保护效益指数增长的贡献度在增加,上升为 45.66%。

四、中国农村文化文物保护评价中的保护水平指数

2000 年以来,保护水平指数呈现持续增长的趋势。2000 年,保护水平指数取值为 67.185;2005 年,指标取值达到 93.12,与 2000 年相比增长了 38.6%;2010 年,保护水平指数取值为 139.694,与 2000 年相比十年间增长了 107.92%,与 2005 年相比五年间增长了 50.02%,参见图 2-16。

从增长速度来看,"十五"期间,保护水平指数年均增长速度为 6.75%;"十一五"期间,保护水平指数年均增长速度达到 8.45%,参见图 2-17。这表明,与"十五"期间相比,"十一五"期间的保护水平实现了更快的增长。

从对保护水平指数增长的贡献率来看,2000 年至 2005 年间,在保护水平指数的增长过程中,科技水平指数的贡献率为 9.97%,管理水平指数的贡

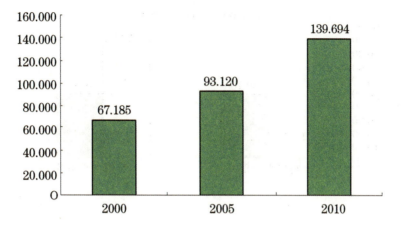

图 2-16　2000 年、2005 年、2010 年农村文化遗产保护水平指数历史取值

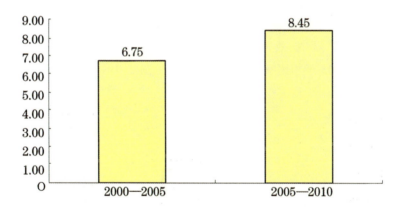

图 2-17　2000—2010 年农村文化遗产保护水平指数年均增长速度比较(单位:%)

献率为 90.03%;2005 年至 2010 年间,在保护水平指数的增长过程中,科技水平指数的贡献率上升为 50.16%,管理水平指数的贡献率下降为 49.84%,参见图 2-18。

　　保护水平指数增长的贡献率分布表明,在 2000 年至 2005 年期间,管理水平指数的增长是保护水平指数增长的决定性因素,管理水平指数的贡献率比科技水平指数的贡献率高 80.06 个百分点。而在"十一五"期间,科技水平的增长对保护水平指数增长起着主要的作用,科技水平的贡献率比管理水平指数的贡献率高 0.32 个百分点。

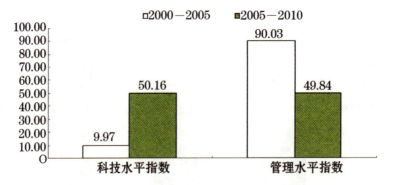

图 2-18　2000—2010 年农村文化遗产保护水平指数增长的贡献率分布比较 (单位 : %)

五、中国农村文化遗产保护评价中的保护效率指数

2000 年以来,保护效率指数呈现持续增长的趋势。2000 年,保护效率指数取值为 62.081;2005 年,指标取值达到 100.653,与 2000 年相比增长了 62.13%;2010 年,保护效率指数取值为 137.266,与 2000 年相比增长了 121.11%,与 2005 年相比增长了 36.38%,参见图 2-19。

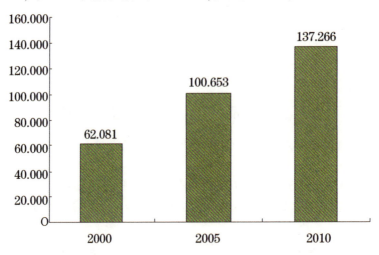

图 2-19　2000—2010 年农村文化遗产保护效率指数历史取值

从增长速度来看,"十五"期间,保护效率指数年均增长速度为 10.15%;"十一五"期间,保护效率指数年均增长速度为 6.4%,参见图 2-20。这表明,与"十五"期间相比,"十一五"期间,保护效率指数的增长速度呈现回落的趋势。

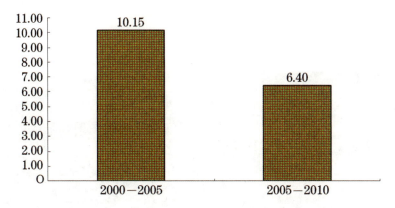

图 2-20 2000—2010 年农村文化遗产保护效率指数年均增长速度比较(单位:%)

从对保护效率指数增长的贡献率来分析,2000 年至 2005 年间,在保护效率指数的增长过程中,保护绩效指数的贡献率为 65.42%,保护功效指数的贡献率为 33.91%;2005 年至 2010 年间,在保护效率指数的增长过程中,保护绩效指数的贡献率为-19.87%,保护功效指数的贡献率为 122.68%,参见图 2-21。

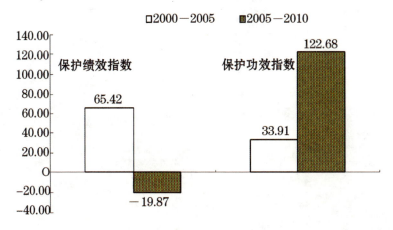

图 2-21 2000—2010 年农村文化遗产保护效率指数增长的贡献率分布比较(单位:%)

保护绩效指数增长的贡献率分布表明,在 2000 年至 2010 年期间,保护绩效指数的增长是保护效率指数增长的主要因素。而"十一五"期间,保护功效指数的增长对保护规模指数增长起着决定性的作用,其贡献率达到了 122.68%。

第三节　中国当前农村文化遗产保护的评价结果

一、关于保护总体发展水平评价

1. 基本结论

第一,考察期间,中国农村文化遗产和文物保护水平持续提高。农村文化遗产与文物保护综合评价指数取值由 2000 年的 62.778 提高到 2010 年的 144.63,增长了 130.38%。与"十五"期间相比,"十一五"期间,中国农村文化文物保护事业得到更快发展。"十五"期间,农村文化文物保护综合评价指数实现年均 7.7% 的增长速度;"十一五"期间,农村文化文物保护综合评价指数的年均增长速度达到 9.33%。

第二,影响农村文化遗产和文物保护综合评价指数增长的各因素在不同时期具有不同的贡献率。"十五"期间,农村文化文物保护综合评价指数的增长主要源于保护效益指数和保护效率指数的增长,两者加总对综合指数增长的贡献率达到 62.913%;"十一五"期间,农村文化遗产和文物保护综合评价指数的增长主要得益于保护效益指数和保护水平指数的增长,两者对综合指数增长的贡献率达到了 58.89%。

第三,对比 2000 年至 2005 年、2005 年至 2010 年两个时期的贡献率分布可知,"十一五"期间,保护规模指数对综合指数增长的贡献率得到较大提升,而保护效率指数对综合指数增长的贡献率有较大幅度的下降;同时,保护效益指数和保护水平指数对综合评价指数增长的贡献率都有小幅的上升。

2. 政策启示

第一,保护规模指数增长对总指数增长的贡献率仍有继续提高的空间。

为此,需要继续提升对农村文化遗产保护事业的投入水平,加大农村文化遗产保护的财政支持力度。投入水平的提升不仅依赖政府的资金,而且要向社会开放保护项目,吸引社会资金进入。

第二,保护效益指数和保护水平指数对总指数增长的贡献水平需要保持稳定。为此,要积极挖掘农村文化遗产和文物保护事业在创造价值和社会贡献方面的潜在增长点,同时,稳步提高农村文化遗产和文物保护事业的科技水平和管理水平,此二者是今后支撑遗产保护事业发展的关键要素。

第三,要努力提高保护效率指数增长对总指数增长的贡献率。为此需要从提高保护绩效水平和保护功效水平两方面入手,如采取积极措施提高农村文化遗产对社会公众的吸引力,努力提升农村文化遗产的利用水平。

二、关于保护规模水平评价

1. 基本结论

第一,2000 年至 2010 年,保护规模指数呈现持续快速增长的趋势。指数取值由 2000 年的 69.749 提高到 2010 年的 144.022,增长了 106.49%。保护规模指数在"十一五"期间增长较快,"十五"期间,保护规模指数年均增长速度仅为 4.33%;"十一五"期间,保护规模指数年均增长速度达到 10.8%。

第二,投入规模要素始终是保护规模指数增长的主要因素。"十五"期间,投入规模要素对总量规模指数增长的贡献率为 64.2%;"十一五"期间,其贡献率达到了 89.6%。

2. 政策启示

由于投入规模要素始终是保护规模指数增长的主要因素,因此要保持保护规模指数的可持续增长,就需要保持投入规模以一个适度的速度持续增长。为此,除了继续加强农村文化文物事业的财政支持力度以外,还需要采取多种方式吸引社会资金参与农村文化遗产和文物事业的建设,甚或吸引国际资金进入,将中国农村文化遗产作为世界文明的一部分加以保护。

三、关于保护效益水平评价

1. 基本结论

第一,2000 年以来,保护效益指数呈现持续快速增长的趋势。2000 年保护规模指数取值为 52.318,2010 年指数取值为 158.306,增长了 202.59%。保护效益指数增长速度在考察期间较为稳定,"十五"期间,保护效益指数年均增长速度为 11.30%,"十一五"期间,保护效益指数年均增长速度为 12.11%。

第二,保护效益指数增长的贡献率分布表明,在 2000 年至 2005 年,创造价值指数的增长是保护效益指数增长的决定性因素,其贡献率达到83.23%。而在 2005 年至 2010 年期间,尽管创造价值指数仍然是保护效益指数增长的主要因素,但其贡献率已降至 54.34%。与此同时,社会贡献指数对保护效益指数增长的贡献度在增加,上升至 45.66%。

2. 政策启示

第一,在创造价值方面,要继续保持农村文化遗产和文物业总产出的可持续性增长,使其成为全社会文物业的重要组成部分,大力提升农村文化文物业总产出占文物业总产出的比例。

第二,在社会贡献方面,积极扩大农村文化文物事业的影响力,采取多种措施提高农村文化遗产对社会公众的吸引力,鼓励和支持社会多种资本进入农村文化遗产保护行业,持续扩大农村文化文物业的就业容量,积极促进文化遗产保护和遗产旅游业的对接,开发遗产旅游业的上游和下游产业链,提升效益水平的同时对社会发展、人类文明做出贡献。

四、关于保护水平发展评价

1. 基本结论

第一,2000 年以来,保护水平指数呈现持续增长的趋势。2000 年,保护水平指数取值为 67.185,2010 年,保护水平指数取值为 139.694,与 2000 年相比增长了 107.92%。从增长速度来看,"十五"期间,保护水平指数年均增长速度为 6.75%;"十一五"期间,保护水平指数年均增长速度为 8.45%。

第二,从对保护水平指数增长的贡献率来看,2000 年至 2005 年间,在保护水平指数的增长过程中,科技水平指数的贡献率为 9.97%,管理水平指数的贡献率为 90.03%;2005 年至 2010 年间,在保护水平指数的增长过程中,科技水平指数的贡献率上升为 50.16%,管理水平指数的贡献率下降为 49.84%。可见,随着农村文化遗产保护事业的发展,科技水平是发展的决定因素,管理水平与其同样重要。

2. 政策启示

第一,要继续提高农村文化文物保护中的科技含量。通过加强资金、人才等的投入,提高农村文化遗产和文物修复、保护的科技水平,以科技支撑遗产地环境生态水平。拓展不可移动文物保护的科技手段,通过加强教育培训,不断提升中高级科研人员占文保从业人员总数的比重。通过提高财政支持力度和吸引社会资本,不断提高农村文化文物保护的研发费用。

第二,要继续提高农村文化遗产和文物业发展过程中的管理水平。首先要健全农村文物保护的法律法规;其次,要健全农村文物保护单位的管理制度;最后,要建立和完善相关的农村文物数据库,以提高农村文化文物保护事业发展的信息化水平。

五、关于保护效率水平评价

1. 基本结论

第一,2000年以来,保护效率指数呈现持续增长的趋势。保护效率指数取值由2000年的62.081提升到2010年的137.266,增长了121.11%。"十五"期间,保护效率指数年均增长速度为10.15%,"十一五"期间,保护效率指数年均增长速度为6.4%。这表明,与"十五"期间相比,"十一五"期间,保护效率指数的增长速度呈现回落的趋势。

第二,从对保护效率指数增长的贡献率来看,2000年至2005年间,在保护效率指数的增长过程中,保护绩效指数的贡献率为65.42%,保护功效指数的贡献率为33.91%;2005年至2010年间,在保护效率指数的增长过程中,保护绩效指数的贡献率为-19.87%,保护功效指数的贡献率为122.68%。提升保护的绩效水平是今后的努力方向。

2. 政策启示

第一,要继续保持保护功效指数的稳定增长。为此,需要通过采取灵活的方式和提高农村文物展览总体水平等多种手段,扩大农村文物对社会的辐射力和影响力,吸引更多的人关心农村文化文物事业的发展。

第二,要努力提高保护绩效指数的水平。这实际上需要通过提高农村文化遗产的单位投入产出效率、增加国民教化力、有效配置遗产资源、提升行政效率、加大打击文物盗掘和走私力度等途径来实现。

第三章

中国农村文化遗产保护的现状及评价

第一节　保护农村文化遗产与建设文化强国的关系

一、推动文化大发展大繁荣的基础力量

农村文化遗产的开发利用及其保护事业是党的十八大以来提出的推动"文化大发展大繁荣"的重要组成部分。2005年底,国务院发布了《关于加强文化遗产保护的通知》,明确提出了新时期我国文化遗产保护的指导思想、基本方针和总体目标,加快了我国从"文物保护"走向"文化遗产保护"的进程。新时期新任务要求从理论和实践上推动文化遗产保护方式方法、体制机制和传播手段不断创新,一些重大问题亟待研究解决。例如,如何推进农村文化遗产保护体制机构改革,从根本上杜绝农村盗掘文物和走私文物的活动;如何在大型古代城市遗址集中的地区设立"国家文化遗产保护特区";如何实施长城、大运河和"丝绸之路"等巨型、线型文化遗产的整体保护;如何开展我国早期木结构建筑群等"系列遗产"的整体保护;如何推进将博物馆社会教育功能纳入国民教育体系;如何实现农村文化遗产资源与旅游开发的对接;如何借鉴"欧洲文化之都"活动经验开展"中国文化之都"活

动等。针对现状,我们应以更积极的姿态,更自觉的行动,来推动农村文化遗产保护事业大发展大繁荣,为使中国更早地进入世界文化遗产保护强国行列贡献力量。

二、促进国民经济又好又快发展的积极力量

党的十八大报告指出:"要全面认识祖国传统文化,取其精华,去其糟粕,使之与当代社会相适应,与现代文明相协调,保持民族性,体现时代性。""加强中华优秀文化传统教育,运用现代科技手段开发利用民族文化丰厚资源。"在城市和农村文化的公共性、公益性日益加强的今天,文化遗产应融入农村社会生活,在保护中加以积极利用,在利用中进一步诠释、丰富它们的综合价值。在新世纪应主动发挥文化遗产的多方面综合作用,使文化遗产进一步融入新农村经济发展、融入农村社区生活、融入新农村建设。农村文化遗产是不可再生的精神资本、文化资本、经济资本和社会资本。仅仅把农村文化遗产当作珍稀物品"保留下来"是不够的,更重要的是深入发掘农村

文化遗产中的多重价值,将其转化为服务于人类现代和未来生活的文化资源。始终把社会效益放在农村文化遗产保护的首位,做到社会效益与经济效益相统一。同时,运用高新技术创新农村文化遗产的保护方式,培育新的农村文化遗产保护传播体系。

三、农村民众共享文化发展成果的根本力量

农村文化遗产保护不但需要农村地区文物管理部门和文物工作者以"守土有责"的精神承担起庄严使命,更需要广大农村民众的积极支持与参与。我们在专注通过技术手段遏制文化遗产遭到破坏的同时,不应忽视另一方面的变化,即伴随原有生产、生活方式的消失和原有人文、自然环境的改变,农村民众与文化遗产之间的联系日趋淡漠。农村文化遗产保护是农村大众的事业,关注农村民生、改善农村民生是我们义不容辞的责任。在农村文化遗产保护工作中应注重民众分享和参与保护的权利,重建农村民众与文化遗产之间的情感联系,缩小农村普通民众与文化遗产之间的距离,坚

持把发展农村文化遗产事业作为保障农村民众基本文化权益的重要途径，推动农村文化遗产保护事业有序、持久、健康地发展。

随着时代的发展，文化遗产保护也向深度和广度发展，与社会生活的关联度越来越高。应在建设新农村伟大实践中创造性地开展文化遗产保护，让农村民众共享文化遗产保护发展成果。农村文化遗产地和博物馆要创作更多优秀文化遗产产品，使文化遗产保护内化为农村大众的价值观念，在共享中达到保护。

四、增强中华文化国际影响力的重要力量

"文化上相互借鉴、求同存异，尊重世界多样性，共同促进人类文明繁荣进步。"文化交流是展示国家形象的重要手段。通过加强对外文化交流，推动中华文化走向世界，是当前国际竞争合作发展的总体趋势之一，也是为中国争取有利的外部发展环境的重要途径。

改革开放以来，中国积极实施"中华文化走出去战略"，使中华文化在国际上的影响力明显增强。在遗产保护领域，我国吸收各国优秀成果，积极引进国外先进的文化遗产保护理念和技术，提高中国文化遗产保护水平，加强对外文化交流，开展国际合作，取得了很大的成绩。如今国际发展呈现文化多元化的趋势。更好地承担起文化遗产保护的国家责任、国际责任，增强中华文化的国际影响力，也是农村文化遗产研究义不容辞的责任。在今后进一步加强农村文化遗产领域的国际合作，参与国际上文化遗产保护行动，加强与有关国家和国际组织的合作，让世界人民更加支持中国的和平发展，也是我们义不容辞的责任。

第二节　改革开放以来文化遗产保护的成就

自 20 世纪 40 年代末开始,一个有着 5000 年文明历史的文明古国,开始了建设社会主义强国、世界文化强国的伟大实践。中国文化遗产保护事业从恢复到快速发展,走出了一条坚持改革开放、推动科学发展的道路。中国文化遗产保护事业取得了有目共睹的骄人成就,为现阶段开展农村文化遗产的大规模保护奠定了坚实的基础。

一、文化遗产理念和理论的发展创新

从 1961 年的《文物保护管理暂行条例》,1982 年的《文物保护法》,再到 2005 年底国务院颁布的《关于加强文化遗产保护的通知》,从第一批国家文保单位的分类、公布到第六批国家文保单位的分类和公布,中国的文物及文化遗产的概念在不断深化,文物和文化遗产保护的范围在不断扩大,遗产保护的理念也在不断进步。目前国家立法保护文化遗产的基本范围已经不再局限于古文化遗址、古墓葬、古建筑、石窟寺等。从第六批全国重点文物保护单位公布的结果来看,石龙坝水电站等工业遗产、聚馆古贡枣园等农业遗产、大栅栏商业建筑等商业遗产和老字号、柳氏民居等乡土建筑、中国营造学社旧址等近代遗产、唐山大地震遗址等现代遗产,这些遗产以往很少进入全国重点文物保护单位之列。反映我国民族文化、地域文化和近现代文化生活、经济活动等方面的文化遗产,现在都被纳入了保护范畴。此外,随着文化遗产保护内涵与外延不断地深化和扩大,文化景观、文化线路等一些新的文化遗产种类也日益受到重视。如:大运河作为一个保护单位被列入全国重点文物保护单位名单加以保护,这在中国文物保护工作中是前所未有的,反映了中国文化遗产保护在保护观念和管理体制上都已进入了一个新的阶段。

文物保护的理论研究不断深入。中国文物建筑在材料选择、构造技术、装饰手法、空间构成等各个方面与西方古典建筑都有明显的不同,在损毁规律、维修保护方法方面也与其存在很大差异。中华人民共和国成立以来,特别是改革开放40年来,中国文化遗产保护、维修的项目大量增加,积累了丰富的实践经验,提出了若干保护经验和理论;另一方面,通过20世纪90年代业界关于什么是文物原状、什么是文物现状等讨论,以及21世纪以来与国际同行对《西安宣言》《北京文件》等讨论、对文物建筑保护和修复的理念与实践的交流,中国的专家学者们也在不断加深、完善符合中国自身特点的文化遗产保护理论的认识。关于文物原状、原址保护、遗产环境、遗产复建、传统材料和工艺等中国遗产保护维修工作中很多长期争论的问题,经过深入的讨论基本达成共识,为中国文化遗产保护工作确定了基本方向。

广大专家学者和遗产保护人员在学习、借鉴国际先进的文化遗产保护维修理论的基础上,初步建立了一套具有中国特色的文化遗产保护的理论体系,集中的体现就是《中国文物古迹保护准则》,并且已成为我国文化遗产保护的行业规则和标准。

二、逐步构建较为完善的文化遗产保护体系

通过中华人民共和国成立后开展的三次文物普查,基本摸清了中国现存不可移动文物的现状,全面掌握了中国文物资源的数量、分布和保存状况。2012 年结束的覆盖全国 2871 个县级普查基本单元的第三次全国文物普查,共登记不可移动文物 766722 处,包括新发现文物 536001 处,占到登记总量的 69.91%。在 766722 处不可移动文物中,古遗址 193282 处、古墓葬 139458 处、古建筑 263885 处、石窟寺及石刻 24422 处、近现代重要史迹和代表性建筑 141449 处、其他 4226 处。

国务院先后公布了 7 批全国重点文物保护单位,总数达 4295 处,各地也相应公布了当地的各级文物保护单位。截至 2014 年 6 月,国务院先后公布了 123 座国家历史文化名城,建设部、国家文物局先后公布了 6 批共计 252 座中国历史文化名镇,和 6 批共计 276 个中国历史文化名村,建立起了完整的历史文化名城、名镇、名村保护体系。

经过不懈努力,大部分文物保护单位基本实现了"四有":划定保护范围;竖立标志说明;建立记录档案;设立保管机构。基本完成了第 1 批至第 7 批全国重点文物保护单位的记录档案备案工作,并基本完成了建设控制地带划定工作,文物周边环境得到了保护,保护规划的编制和实施逐步推广。目前,文化遗产保护事业的影响日益扩大,各级政府越来越重视遗产保护工作,把文物保护纳入地方经济和社会发展计划,纳入城乡建设规划,纳入财政预算,纳入体制改革,纳入各级领导责任制,大部分文物保护单位基本实现了文物工作"五纳入"。

三、建立与健全文化遗产保护的法律体系

经过 60 多年的努力,目前,我国基本形成了以《中华人民共和国文物保护法》为核心,由法律、行政法规、部门规章、规范性文件以及地方性法规共同构成的法律体系框架。法律和行政法规包括:《中华人民共和国文物保护法》(2007 修订版)、《中华人民共和国文物保护法实施条例》《长城保护条例》《历史文化名城名镇名村保护条例》《陕西省文物保护条例》《江苏省文物保护条例》等;部门规章包括:《世界文化遗产申报项目审核管理规定》《国家级非物质文化遗产保护与管理暂行办法》等。文物保护工作逐步步入有法可依的良性轨道。在文物保护工程方面,法规和标准化也基本建立健全。

《文物保护工程管理办法》《全国重点文物保护单位保护规划编制审批办法》《全国重点文物保护单位保护规划编制要求》《文物保护工程勘察设计资质管理办法(试行)》《文物保护工程施工资质管理办法(试行)》《文物保护工程监理资质管理办法(试行)》(2014)等一系列法规规章陆续出台,以及即将公布的《文物保护工程北方地区定额》《文物建筑防雷技术规范》《文物保护工程竣工报告编写标准》等技术标准,对文物保护工程的原则、分级、资质、审批管理和立项、规划、勘察设计、施工、监理、验收等各个环节做出了较为全面、具体的规定。为依法从事、管理文化遗产保护、维修工作奠定了坚实基础,文化遗产保护维修已经步入法制化发展轨道。

2007 年,《文物进出境审核管理办法》《文物出境审核标准》公布实施,中国文物进出境管理工作进入新阶段。对文物进出境进行管理,是中国文化遗产保护事业的重要组成部分,是防止珍贵文物流失的最后一道关口。国际经济文化交流日益频繁,做好文物进出境审核工作,具有十分重要的意义。

四、文化遗产保护机构和保护主体逐步壮大

经过 60 多年的发展与完善,中国文化遗产保护管理机构和保护主体规模逐步壮大。

第一,中国基本构筑了较为完善的保护机构和保护主体体系。1978 年,全国有文物管理委员会和文管所 295 个,工作人员 2.6 万人;至 1997 年,全国有文物保护和管理机构 3412 个,有 20 个省(自治区、直辖市)设立了文物局,工作人员增长到 6.3 万多人,其中大专以上学历者近万人。到 2012 年,中国由文物科研、文物保护管理、博物馆组成的各类文物保护机构已增加到 5888 个,比 1978 年增长了 16 倍之多,文化遗产保护主体队伍已达 125155人,比 1978 年增加了 3.9 倍。2010 年,文化遗产保护主体水平不断增长,可从高中级职称人员增长到 19650 人窥见一斑。全国已有 23 个省(自治区、直辖市)设立了副厅级以上级别的文物局。至此,中国基本构建了完善的文化遗产保护管理机构体系。

第二,通过培训,中国文化遗产保护主体水平不断提升。基层文物保护队伍不断壮大,并通过举办文物局局长培训班、省地市级文博管理干部培训班、全国重点文物保护单位管理机构负责人培训班、古建所所长培训班、普查培训班等,使专业保护人员的管理水平和业务素质大大提升。

在专业维修队伍建设方面,中华人民共和国成立初期,专门从事文物和遗产保护工程的专业队伍数量、规模都很小,只能开展一些古建筑调查、测绘、保养以及抢救性的维修工作。到 20 世纪五六十年代,中国通过工程实践独立培养出一批具有较高水平的文物保护勘察设计、施工队伍和专家。改革开放以来,各级文物部门和相关单位通过正规的中、高等教育、各种类型的文物保护工程培训班,结合工程实践,培养造就了一大批文物和遗产保护维修专业人才。仅 2003 年首度评审首批文物保护工程资质时,全国申请文物保护工程资质的专业机构已达到了 500 多家,申请文物保护工程勘察设计和施工个人从业资格的人数达到 9000 余人。经过多年的发展,中国文物保护工程队伍不断发展壮大,研究、勘察、设计、施工水平也不断提高。

五、基本实现文化遗产保护规范化、科学化管理

第一,经过多年的实践探索,中国基本实现了文化遗产保护工程的规范化、科学化管理。主要是通过开展文物保护工程资质评审工作、推进工程资质管理法规建设、每两年一次的文物保护工程汇报会等,并通过工程方案审批程序的不断改进、完善。通过工程检查、验收、年检等工作,中国基本建立了一套行之有效的文物保护工程资质管理制度。这套制度适应了中国文化遗产保护事业的发展需要,规范了文物和遗产保护工程管理,提高文物和遗产保护工程的质量及工作效率。目前,中国已经评审和公布了三批甲级勘察设计资质单位、一级施工资质单位以及首批文物保护工程监理资质单位,2500 多人分别获得勘察设计和施工的从业资格。《文物保护工程审批管理暂行规定》已经自 2008 年 5 月 1 日起在北京、河北、山西、浙江、四川 5 省(市)试行。各项文物保护工程管理标准正在不断完善。

第二,多年来,中国的文物和遗产保护经费不断增长。1978 年国家重点文物保护专项补助经费为 693 万元,到 2008 年达到 6.07 亿元;到 2012 年,国家财政拨款的文化文物保护经费更是增长到了 218 亿元。国家经费主要用于:

一是国务院公布的全国重点文物保护单位的维修、保护与展示,包括:保护规划和方案编制,文物本体维修保护,安防、消防、防雷等保护性设施建设,陈列展示,维修保护资料整理和报告出版等。

二是用于大遗址保护。主要包括:大遗址保护的前期测绘、考古勘查和规划设计方案编制,本体或载体的维修保护,安防、消防、防雷等保护性设施建设,文物本体保护范围内的保存环境治理,陈列展示以及保护管理体系建设等。

三是用于世界文化遗产保护。主要包括:世界文化遗产的文物本体维修保护,安防、消防、防雷等保护性设施建设,陈列展示以及世界文化遗产监测管理体系建设等。

四是用于考古发掘。主要包括:考古(包括水下考古)调查、勘探和发掘,考古资料整理以及报告出版,重要考古遗迹现场保护以及重要出土(出水)文物现场保护与修复等。

五是用于可移动文物保护。主要是对馆藏一、二、三级珍贵文物的保护,包括预防性保护、保护方案设计、文物技术保护(含文物本体修复)、数字化保护、资料整理以及报告出版等[①]。

从 1992 年开始,中央还每年投入 2500 万元"中央抢救性文物保护设施建设专项资金",用于文物保护单位的工作用房建设、安防及防灾减灾、管理监测设备购置以及基础保护设施建设等,至 2006 年提高到平均每年 2.3 亿元。2005 年,中央财政还增设大遗址保护专项经费 2.5 亿元,2007 年增加到

---

① 财政部、国家文物局:《国家重点文物保护专项补助资金管理办法的通知》(财教〔2013〕116号)。

4.2 亿元,"十一五"期间规划总投入 20 亿元。各级地方政府普遍设立了文物保护专项资金。如:北京市政府 2003 年至 2008 年间每年投入 1.2 亿元用于文物保护,杭州市从 2004 年到 2006 年投入 4.1 亿元保护维修了一大批文物古迹和历史街区。在中央和地方各级政府的支持下,经过 30 多年的努力,大部分全国重点文物保护单位和部分省级文物保护单位的重大威胁险情得以排除,其中很多单位还得到了全面修缮,配备了必要的消防、安防设施。据不完全统计,1996 年至 2003 年期间,中央财政共补助文物保护维修项目 822 项,其中 100 万元以上项目 244 项。2005 年安排了 112 项文物保护维修、40 项文物保护规划、45 项文物安防、消防设施建设。2006 年安排 108 项文物保护维修、55 项文物保护规划、30 项文物安防、消防设施建设。

第三,中国重要不可移动文物的整体保护得到了极大加强,文物的安全环境得到基本保障。特别是一大批重点工程的实施,保护了一大批重要的文物古迹。如:1997 年开始实施的三峡工程库区文物保护工作重点项目中,

张桓侯庙搬迁保护完成了主体复建工程,白鹤梁题刻水下原址保护工程、石宝寨原地保护工程。一些受到社会广泛关注的重大文物保护工程项目,如西藏布达拉宫、罗布林卡、萨迦寺,山西应县木塔、云冈石窟和北京故宫保护维修工程等陆续实施。大遗址保护方面,编制了二里头、偃师商城、燕下都、邺城等重要大遗址保护规划,完成了西安唐大明宫、未央宫,殷墟、洛阳偃师商城,新疆交河故城、高昌故城等遗址保护项目,建设了金沙遗址博物馆等。一批技术复杂的重大文物保护工程的成功实施和完成,标志着中国文化遗产和文物保护工程技术、管理水平达到了一个新的高度。

第三节　改革开放以来农村文化遗产保护的成就

一、农村文化遗产保护机构、藏品规模持续扩大

截至 2012 年底,中国有 2856 个县级行政区划单位,41658 个乡级行政区划单位,662238 个村级行政单位。县级以下行政单位是我国农村文化遗产保护的空间范围和行政范围(以上数字不含港澳台)。

近年来,中国农村(县以下,下同)文物保护机构和保护人员增长迅速。2012 年,中国文物保护机构总数为 6124 个,县级及以下有 4687 个,占中国总数的 76.53%,而省市机构占比仅为 4.28%,地市占比为 18.99%,可以看出中国文化文物保护机构的重头戏在县级及以下,并且增长迅速。而县级及以下文化保护从业人员则占到全国的 53.95%,为 67495 人,比 2008 年增长了 73.75%。可以看出,随着我国文化遗产保护事业的发展,保护主体随之大幅增加。但是,数据反映出占全国 53.95% 的农村文保人员在占76.53% 的农村保护机构里工作,可见保护任务繁重、人员短缺情况依然存在。

2012 年,我国文物藏品达到了 3505.48 万件/套,其中,农村文物藏品达到了 867.04 万件/套,占比为 24.73%,比 2008 年时的藏品增长了 90.16%;而同期增长最快的是中央级文物藏品,增长了 132.05%;藏品占比最高的是省区市级藏品,达到了 44.22%。反映出农村文化遗产和藏品保护的重头戏在农村,但展览展示的重头戏却在省区市层级。见表 3-1。

表 3-1　2012 年我国农村文化遗产保护情况

	文物保护机构(个)				文保从业人员(个)				文物藏品(件/套)			
	2008 年	2012 年	增长率%	占比%	2008 年	2012 年	增长率%	占比%	2008 年	2012 年	增长率%	占比%
总数	4437	6124	38.02		92060	125115	35.90		25738228	35054763	36.20	
中央	10	12	0.2	0.20	2107	3462	64.31	2.77	1260514	2925044	132.05	8.34
省区市	254	262	3.15	4.28	15263	17527	14.83	14.01	12236626	15502839	26.69	44.22
地市	1012	1163	14.92	18.99	35844	36671	2.31	29.31	7681454	7956502	3.58	22.70
县及以下	3161	4687	48.28	76.53	38846	67495	73.75	53.95	4559634	8670378	90.16	24.73

二、农村文化遗产保护财政支持力度加大

近年来国家投入农村文化遗产和文物保护经费增长惊人,文物保护和利用并行。国家财政近年大力支持农村文化遗产保护,拨出巨额款项用于遗产保护、抢救挖掘、遗产保护科技发展。2012 年,中央财政拨款达到了 218.05 亿元,其中用于农村文化遗产保护的占 32.81%,为 71.53 亿元。数据还显示,农村文物和遗产保护的财政拨款比 2008 年增长了 333.79%,高于全国文物保护拨款增长 210.18% 的速度,可见中央极其重视新农村建设中的文物和遗产保护。财政支持力度的加大确实起到了加大推进的效果,这从文化文物遗产保护机构的固定资产情况上可见一斑。

2012 年,全国文化文物遗产保护机构的固定资产为 378.21 亿元,比 2008 年增长了 133.37%;其中农村文化文物遗产保护机构的固定资产为 175.58 亿元,占全国比例 46.42%,比 2008 年增长了 305.13%,高于中央级

126.29%、省区市 77.81% 等的增速。固定资产占比也大大高于省区市和地市级。固定资产原值也反映出我国农村文化文物遗产的重要性。

经营性收入指标能够反映对文化遗产和文物的利用开发效果。2012年,全国文化文物和遗产经营性收入为 9.15 亿元,这一数值比 2008 年增长了 125.49%;其中农村文化文物遗产的经营性收入为 7.23 亿元,占比为 79.04%,比 2008 年增长了 170%;可见开发利用遗产和文物效果最好的是县级及以下单位。见表 3-2。

表 3-2　2012 年我国农村文化遗产保护情况

	财政拨款(千元)				固定资产(千元)				经营收入(千元)			
	2008 年	2012 年	增长率%	占比%	2008 年	2012 年	增长率%	占比%	2008 年	2012 年	增长率%	占比%
总数	7029886	21805508	210.18		16206588	37820650	133.37		405758	914930	125.49	
中央	525612	1236202	135.19	5.67	778292	1761196	126.29	4.66	54172	9528	-82.41	1.04
省市区	2467757	6420255	160.16	29.44	4569559	8125104	77.81	21.48	9972	111554	1018.67	12.19
地市	2387587	6996231	193.03	32.08	6524914	10526560	61.33	27.83	73772	70652	-4.23	7.72
县及以下	1648930	7152820	333.79	32.81	4333823	17557790	305.13	46.42	267842	723196	170.00	79.04

三、农村博物馆载体建设日益完备

博物馆是文化遗产和文物保护的重要载体,其发展水平直接关系到一个国家的遗产保护水平。

中国农村博物馆机构情况。2012 年,中国博物馆总数为 3069 个,比2008 年的 1893 个增长了 62.12%,其中中央级博物馆有 6 个,仅占总数的0.20%,省市区级博物馆有 103 个,占比仅为 3.36%,地市级有 720 个,占比为 23.46%,而农村(县市及以下)有 2240 个,占比高达 72.99%,显示了农村博物馆载体规模最大,几近全国的 3/4。

农村博物馆藏品情况。2012 年,中国博物馆藏品总数为 2318.07 万件/套,比 2008 年增长了 59.27%,其中农村博物馆藏品占比为 29.41%,有

681.79 万件/套;藏品占比最多的是省区市博物馆,藏品占比高达 32.51%,有 753.67 万件/套。数据反映出一个问题,即占 72.99% 的农村博物馆仅保管着 29.41% 的文物藏品,而仅占 3.36% 的省市区级博物馆却保管着 32.51% 的文物藏品,反映出省区市级博物馆文物集中度较高,这给省级博物馆带来文物安全、保护难度等一系列问题。

农村博物馆参观人次情况。博物馆参观人次的数据说明其对文物和遗产利用的水平。2012 年,中国博物馆参观人次达到了 5.64 亿人次,其中,农村博物馆参观人次占比最高,达到了 48.23%,为 2.72 亿人次。数字显示地市级博物馆参观人次也增长迅速,为 1.98 亿人次,占比为 35.11%,地市级及以下博物馆的参观人数占比加总高达 83.34%,说明文物和遗产利用的空间在基层。见表 3-3。

表 3-3　2012 年我国农村博物馆遗产保护情况

	机构(个)				藏品(件/套)				参观人次(万人次)			
	2008 年	2012 年	增长率%	占比%	2008 年	2012 年	增长率%	占比%	2008 年	2012 年	增长率%	占比%
总数	1893	3069	62.12		14554158	23180726	59.27		28.3280	56401.08		
中央	5	6	20	0.20	1260514	2925044	132.05	12.62	0.9826	2446.09		4.34
省区市	106	103	-2.83	3.36	5809830	7536670	29.72	32.51	4.3786	6964.13		12.35
地市	533	720	35.08	23.46	4686727	5901133	25.91	25.46	14.9137	19831.86		35.11
县及以下	1249	2240	79.34	72.99	2797087	6817879	143.75	29.41	8.0531	27158.99		48.23

农村博物馆财政拨款情况。2012 年,全国博物馆获国家财政极大的支持,总拨款数是 120.38 亿元,这个数字比 2008 年增长了 181.62%。其中农村博物馆(县级及以下)获得的资金比 2008 年增长了 336.41%,为 36.89 亿元。获得资金占比为 30.65%;2012 年获得资金最高的是地市级博物馆,为 37.46 亿元,占比略高于农村博物馆,为 31.12%。

农村博物馆展览用房情况。2012 年,我国博物馆总用房为 708.91 万平

方米,这个数字比 2008 年增长了 122.79%,其中农村博物馆用房为 365.45
万平方米,占总数比为 51.55%;这一数字比 2008 年增长了 209.18%,增长迅
速,说明农村博物馆事业发展势头良好。其中,中央级博物馆也增长迅速,
高于农村博物馆,增长率为 313.73%,而省区市级博物馆用房仅增长了
11.40%,而其文物藏品却增长了 29.72%,可以看出,省区市级博物馆用房相
对紧张。

农村博物馆门票销售总额情况。这项收入直接反映遗产保护水平和利
用水平。2012 年我国博物馆门票销售额为 28.76 亿元,这一数字比 2008 年
增长了 216.77%;其中农村博物馆门票销售额占比为 25.25%,为 7.26 亿元;
这一数字比 2008 年增长了 174.62%,为增长最为迅速的博物馆;而收入最高
的是中央级博物馆,高达 7.84 亿元。见表 3-4。

表 3-4　2012 年我国农村博物馆遗产保护情况

	财政拨款(千元)				展览用地(万平方米)				门票销售总额(千元)			
	2008 年	2012 年	增长率%	占比%	2008 年	2012 年	增长率%	占比%	2008 年	2012 年	增长率%	占比%
总数	4274509	12037889	181.62		318.2	708.91	122.79		907912	2876002	216.77	
中央	414736	1002432	141.70	8.33	4.08	16.88	313.73	2.38	97	783836		27.25
省区市	1506055	3599678	139.01	29.9	70.17	78.17	11.40	11.03	327592	653525	99.49	22.72
地市	1508319	3746365	148.38	31.12	125.7	248.43	97.64	35.04	315824	712431	125.58	24.77
县及以下	845399	3689414	336.41	30.65	118.2	365.45	209.18	51.55	264439	726210	174.62	25.25

四、农村文化遗产保护的科研水平增强

文物保护机构和修复文物、实施文化遗产保护项目的情况直接反映了
文化遗产和文物保护的水平。

农村文物和遗产科研机构情况。2012 年,中国共有 114 家文物和遗产
保护科研机构,其中中央级机构有 1 家,省区市级有 42 家,地市级有 66 家,
而农村科研机构仅有 5 家。可以看出,科研机构集中在省区市级和地市级,

地市级占比高达 57.89%,省市级占比为 36.84%。数据显示地市级科研机构比 2008 年增长了 29.41%,而农村科研机构增长为 0。实际上农村文物和遗产更需要大量的科技研究机构和人才。

科研机构年度修复文物情况。2012 年,全国科研机构修复文物为 21180 件/套,其中,省区市级科研机构修复文物 13330 件/套,占比高达 62.93%;地市级科研机构修复了 7790 件/套,占比为 36.78%,而农村科研机构修复仅为 60 件/套,占比仅为 0.28%。可以看出,农村文物科研能力较差。

科研机构承担文物保护项目情况。2012 年,我国共有 600 项文物保护项目展开,其中省区市级科研机构承担了 524 项,占比高达 87.33%,而农村文保单位承担为 0,地市级科研机构承担了 39 项,中央级科研机构承担了 37 项;数据反映出农村是文化遗产和文物保护的第一线,而科研和保护的能力却非常欠缺。见表 3-5。

表 3-5　2012 年我国农村文化遗产科研保护情况

	机构(个)				年度修复文物(件/套)				承担文物保护项目(个)			
	2008 年	2012 年	增长率%	占比%	2008 年	2012 年	增长率%	占比%	2008 年	2012 年	增长率%	占比%
总数	96	114	18.75		31274	21180	-32.28		84	600	614.29	
中央	1	1	0	0.88					37	37		6.17
省区市	39	42	7.69	36.84	26262	13330	-49.24	62.93	70524	648.57	87.33	
地市	51	66	29.41	57.89	4807	7790	62.06	36.78	1439	178.57	6.5	
县及以下	5	5	0	4.39	205	60	-70.73	0.28	0	0	0	0

五、农村文化遗产保护法制化增强

1. 出台许多加强农村文化保护的文件

许多省、地区、县、乡政府领导在思想上极其重视,陆续出台了一些"加强农村文化保护"的文件。陕西、安徽、浙江、辽宁、广西壮族自治区等地,在2006 年陆续出台了《关于加强文化遗产保护工作的通知》,有的已在县一级政府出台了相关文件,如湖北省南漳县人民政府就出台了"南政发〔2006〕14号"《关于在社会主义新农村建设中进一步加强文化遗产保护工作的通知》,还有的具体到区一级单位出台了相关文件,如天津市西青区出台了《文化遗

产保护实施方案》。这些文件首先在思想上重视文化遗产保护,如天津市西青区文件指出:"我区的文化遗产保护工作任务十分繁重,以千年古镇杨柳青为中心的历史遗存较为丰富,尤其在建设社会主义新农村的过程中,如何处理好保护与建设的关系,是今后保护物质文化遗产的一个重要课题。"其次,上述地区成立了以省、市、县一级领导为核心的领导小组,并出台了具体的文化遗产保护措施,其中包括:切实做好文物调查研究和不可移动文物保护规划的制定;建设项目启动时涉及的文保项目,须征求文物部门意见;严格限制复建文物;加强历史文化名街、区和村镇保护;实行博物馆藏品丢失追究责任制度;非法流失境外文物要坚决追索等。

最具代表性的是陕西省于 2006 年 9 月出台的《关于贯彻落实国务院通知精神 加强文化遗产保护工作的实施意见》,其中不仅包含文化遗产保护的指导思想、基本方针和总体目标,而且包含在物质文化遗产和非物质文化遗产保护中进行细致的分类指导。陕西省是文物大省,在物质文化遗产保护中,省政府要求"切实做好文物资源的普查工作,制订周、秦、汉、唐历史文化保护规划;做好省级以上重点文物保护单位及其他不可移动文物保护规划的编制和实施工作;及时依法划定、调整和公布各级文物保护单位的保护范围及建设控制地带;认真做好馆藏文物的登记、建档、建卡和数字化工作;积极做好跨国联合申报丝绸之路(陕西段)世界文化遗产相关工作。"同时要求"各级政府必须加强基本建设中的文物保护工作,将文物行政部门纳入建设项目审批单位之列,严格执行建设工程项目审批、核准和备案制度"。并"着力抓好重点文物保护工程。统筹规划、集中资金,实施秦始皇陵遗址公园、陕西历史博物馆改造、延安革命旧址维修保护等一批文物保护重点工程"。"重点做好汉长安城、唐大明宫和统万城遗址等保护项目,以及古都城、帝王陵、长城等大遗址保护规划的编制和保护项目的实施工作,把大遗址保护和城市化进程、社会主义新农村建设有机结合起来,正确处理好大遗址保护与开发利用的关系。"还进一步要求加强历史文化名城(街区、村镇)保护,提高馆藏文物保护展示水平,规范文物流通秩序。并详尽制定了非物质文化遗产保护的措施,要求在普查中全面了解、掌握非物质文化遗产资源的分布状况、种类、生存环境、保护现状及存在问题。要求运用文字、录音、录像、数字化多媒体等多种方式,对非物质文化遗产建立档案和数据库,并提出制订"非物质文化遗产保护规划"①。

福建也加快了农村文化遗产保护的立法步伐。如2006年9月《福建省"福建土楼"文化遗产保护管理办法》经省政府通过,并从2006年10月1日起施行。办法规定:"福建土楼"所在地县级人民政府应当根据保护需要,有计划地安排接纳游客,避免过度人为活动对"福建土楼"文化遗产造成影响。对"福建土楼"文化遗产进行维护和修缮时,应当遵循不改变其原状的原则,保持原有材料、传统结构、形制工艺和历史原貌,其维护和修缮方案应当严格按照保护规划编制,并依法报批,任何单位和个人不得污损、刻画或者损

---

①　陕西省政府:《关于贯彻落实国务院通知精神　加强文化遗产保护工作的实施意见》(2006年9月)。

坏"福建土楼"文化遗产及其标志、保护设施,不得擅自移动拆除标志或者保护设施。违反规定的,由"福建土楼"所在地县级以上人民政府的文化(文物)、建设、规划、国土资源等有关行政管理部门依照法律法规进行重罚。在"福建土楼"遗产管理工作中玩忽职守、滥用职权或者发现违法行为不予查处的,对负有责任的主管人和直接责任人依法给予行政处分,构成犯罪的,依法追究刑事责任①。该管理办法已带有法规性质,对"福建土楼"文化遗产保护起到了直接的推动作用。

2. 建立非物质文化遗产代表作名录体系

积极建立非物质文化遗产代表作名录体系,抓紧对农村地区濒危的非物质文化遗产重要项目的重要传承人和传承的重要代表作及重点技艺进行抢救,并积极征集具有历史、文化和科学价值的非物质文化遗产的实物、资料。要坚决防止珍贵的非物质文化遗产实物和资料流失或出境,要在非物质文化遗产丰富且传统文化生态保护较完整的村镇和地方建立文化生态区,纳入城乡规划予以实施,进行动态整体保护,还要建立非物质文化遗产传承机制。在文化遗产保护措施上,要加强领导,责任到位;完善法律体系,加大执法力度;重视人才建设,增强科技创新。

六、积极申报世界和国家文化遗产保护名录

农村各地区积极参与申报世界文化遗产和国家文化遗产活动,同时确立市级或县级文化遗产名录,以使农村文化遗产得到确实的保护和利用。比如天津第一批列入国家非物质文化遗产保护的就有杨柳青木版年画、回族重刀武术、宝坻评剧、泥人张彩塑等。目前有农村剪纸艺术、独乐寺庙会、杨家庄永音法鼓会、葛沽宝辇会、杨柳青民间佛道乐、大沽龙灯、汉沽飞镲、塘沽版画、北辰民间绘画等列入市级非物质文化遗产体系。与此同时,中国

---

① 福建省政府:《福建省"福建土楼"文化遗产保护管理办法》(2006 年 9 月)。

各地区均掀起了申报世界、国家文化遗产的高潮,仅浙江省就公布了文化遗产保护名单 163 项,其中古遗址 22 处、古墓葬 3 处、古建筑 96 处、石窟寺及石刻 6 处、近现代重要史迹及代表性建筑 30 处、古代名镇 6 处。

目前已确立的第一批国家级非物质文化遗产名录包括:民间文学 31 项、民间音乐 72 项、民间舞蹈 41 项、传统戏剧 92 项、曲艺 46 项、杂技与竞技 17 项、民间美术 51 项、传统手工技艺 89 项、传统医药 9 项、民俗 70 项。上述内容大部分来自农村,有些是流传已久的珍贵遗产,比如口头史诗文学,随着老艺人的逝去,有的已濒临失传,经过搜集整理,使其得以保留。大规模的遗产申报确立了我国文化遗产体系,农村文化遗产是宝贵的文化财富。

七、政府主导积极推进农村遗产保护体系建设

各级政府积极实施政府主导战略,除去积极申报文化遗产保护名录外,最突出的表现就是在建设新农村过程中,把有限的资金拨出一部分,用于保护、拯救、开发和利用文化遗产。比如天津市西青区,每年投入专项资金用于重点文物的修缮和保护上,并把许多散落在民间的文物收购回来,以便有效地保护。最为突出的是对天津国家级非物质文化遗产杨柳青年画的抢救和复兴工程。杨柳青年画历史悠久,已经成为中国北方的民间文化符号。该复兴工程始于 2003 年,内容包括:对年画的历史渊源、特点、科学价值进行调研,在此基础上申报"中国民族民间文化保护工程",并编写《杨柳青年画志》,建立天津杨柳青木版年画博物馆、建立杨柳青年画行业协会、举办杨柳青年画艺术交流展览和在北京举办杨柳青木版年画展览等一系列活动。同时扶植 18 家民营年画作坊,成立了玉成号、古柳祥等 16 家年画店铺,年画生产能力达到年产 2 万余张。同时还请专家学者为年画的继承、发展和创新提供理论支持及咨询服务。上述活动采取了政府服务、市场运作、协会规范的模式,达到了"在继承中发展,在发展中创新"的目的。

天津市政府拨出专项资金,于 2006 年 6 月 10 日"文化遗产日"举办"天

津非物质文化遗产暨农村民间艺术保护成果展览"。该展览由"非物质文化遗产保护成果展览"和"农村民间艺术展览"两部分组成,有2006年5月21日国务院颁布的第一批7项国家级非物质文化遗产,有丰台木版年画、挂甲寺庆音鸾驾法鼓老会、葛沽宝辇、汉沽飞镲、西青民俗文化载体建筑、"刻砖刘"砖刻、"风筝魏"风筝等非物质遗产项目;农村民间艺术遗产展览部分有刻字版画、藏书票、农民画、新年画、布贴画、泥贴画、麦秸玉米皮画、豆画、陶艺、根雕、微型木艺、抟土艺术、葫芦木艺、皮影雕刻、柳编工艺、木雕工艺、布艺17个项目;展览共有33个项目、500余件展品参展。同时,主办单位还精心安排杨柳青木版年画、泥人张彩塑、宝坻区及蓟州区皮影、北辰区泥塑、滨海新区剪纸等项目进行现场表演。该活动以"保护文化遗产,守护精神家园"为题,通过展览宣传、普及文化遗产保护知识,提高了农民对遗产保护重要性的认识,增强全社会的文化遗产保护意识,营造全民参与文化遗产保护的良好氛围。

政府主导的另一方式是加紧普查文化遗产家底。许多农村地区展开了大规模的文化遗产普查,并建立档案体系。仅浙江临海市就已经挖掘整理出116项民间艺术,涵盖了民间造型艺术和民间表演艺术两大类,其中"黄沙狮子"入选国家级首批非物质文化遗产名录,"临海词调"入选浙江省首批非物质文化遗产代表作名录,还有12项民间艺术已列入该地区首批非物质文化遗产名录。临海市政府还公布了首批33项市级非物质文化遗产名录。为了挖掘民间艺术遗产,临海市文广新局组织了以文化干部、老艺人、教师等100余人组成的普查队伍,先脱产培训,后分片包干,形成了健全的民间艺术资源普查网络。他们的原则是:"不漏线索,不漏村落,不漏种类",由老艺人、老教师、老专家开展传帮带,使挖掘民间艺术的步伐大大加快。由于临海市保护民间文化遗产功绩突出,因此被授予非遗保护省级先进单位。

八、建立农村文化遗产保护与经济建设的良性互动模式

国务院在《关于加强文化遗产保护的通知》中规定:要"改进和完善重大

建设工程中的文物保护工作。严格执行重大建设工程项目审批、核准和备案制度。凡涉及文物保护事项的基本建设项目,必须依法在项目批准前征求文物行政部门的意见,在进行必要的考古勘探、发掘并落实文物保护措施以后方可实施。基本建设项目中的考古发掘要充分考虑文物保护工作的实际需要,加强统一管理,落实审批和监督责任"①。中国农村部分地区政府遵照上述指示,在进行基本建设的同时抢救出一大批珍贵文物。比如 2006 年宁杭高速公路二期工程南京至溧水段从宁东南的城镇乡村间穿行而过,考古人员在沿线 16 个点、6300 平方米的范围内,及时清理、抢救了历代古墓葬 85 座、遗址 19 座、窑址 4 座,获得了 3 万多件出土文物标本,取得了一大批重要的考古收获。该行动成为考古史上规模最大的一次抢救性考古发掘,出土的墓葬从春秋战国时期一直到清代,涵盖了南京地区两千多年的历史。该抢救工程投入经费 150 万,近千人参与文物保护工程。

非常具有代表性的案例还有南水北调工程中河南段的文化遗产保护。据测算,河南省丹江口水库淹没区已确认各类文物点 170 处,总干渠涉及文物点 160 处,共计 330 处。丹江口库区文物是研究楚文化起源、楚文化与中原文化的关系等极为重要的遗产。在国家文物局、国务院调水办、水利部等中央有关部门的支持下,全国 34 家考古发掘研究单位承担了发掘任务。该考古发掘所获文物时间跨度长、文化内涵丰富,从新石器时代至唐宋时期,跨度达数千年,遗迹类别丰富,珍贵文物多达 2000 余件。南水北调中线干线一期穿黄工程开工以来,截至目前,薛村遗址已发现夏、商小型聚落,挖掘夏至早商时期灰坑、窖穴、祭祀坑等共计 460 个,房址 7 座,陶窑 12 座,水井 13 座,墓葬 5 座,二里岗时期地质活动形成的地堑遗迹 2 处等,该抢救工程的创新之处是建立了文化遗产保护与经济建设的良性互动模式。

---

① 国务院办公厅:《国务院关于加强文化遗产保护的通知》(国发〔2005〕42 号)。

第四章

我国农村文化遗产保护的问题与根源

第一节　农村文化遗产保护意识薄弱

　　农村文化遗产保护工作是一个复杂的系统工程,需要全社会的共同努力才能够做好。随着经济全球化和我国城市化进程加快,特别是我国新农村建设的全面铺开,农村文化遗产保护的种种问题浮出水面。国务院在〔2005〕42号文件《国务院关于加强文化遗产保护的通知》中指出了当前我国文化遗产保护存在的四大问题:

　　一是"我国的文化生态正在发生巨大变化,文化遗产及其生存环境受到严重威胁。不少历史文化名城(街区、村镇)、古建筑、古遗址及风景名胜区整体风貌遭到破坏"。二是"文物非法交易、盗窃和盗掘古遗址古墓葬以及走私文物的违法犯罪活动在一些地区还没有得到有效遏制,大量珍贵文物流失境外"。三是"由于过度开发和不合理利用,许多重要文化遗产消亡或失传"。四是"在文化遗存相对丰富的少数民族聚居地区,由于人们生活环境的变化,民族或区域文化特色消失加快"。可见解决农村文化遗产保护的问题刻不容缓①。

一、农村文化遗产保护宣传教育力度不足

有的地方把"新农村建设"理解为"新村庄建设",存在"求新求洋"的"洋农村实践"的倾向,乡村领导极少考虑地方、民族、乡土文化的保护与传承,造成了一些地区出现乡村、民族、地域特色丧失的局面。由于有关部门对古村落保护宣传力度不够,作为保护古村落的主要力量的村民,对古村落在新农村建设中的作用和价值认识模糊,大多数人保护意识淡薄。不少人把老民居、古村落视为贫穷落后的象征,随意毁坏、拆除。正如冯骥才指出的那样:"如果这样继续发展,十几年后,民族的、传统的历史记忆和传承就将丧失。"实际上"千村一面"的现象已经出现。

有的地方在新农村建设中搞"政绩工程""形象工程",置古村落文化遗产的真实性于不顾,擅自在古村落内进行迁建、复建或兴建人造景观,破坏了古村落和谐的人文和自然环境。有的地方在农田改造、水利、道路等基础设施建设、农民生活设施建设以及村容整治中,忽视乡土建筑保护的重要性,以致一些乡土建筑原有的生态环境、历史风貌格局被肢解、破坏,甚至建筑本体也难逃被拆毁或迁移的命运,这些行为已直接威胁到中国古村落乡土文化的安全。

二、农村文化遗产保护意识薄弱

文化遗产保护专家认为,民众意识的觉醒是文化遗产最有力的保障,文化遗产保护不仅需要文物工作者和文物管理部门的努力,更重要的还是要提高全社会对文化遗产保护的认识。

有的地方政府古村落文化遗产保护意识十分薄弱,对乡土建筑价值的认识仅仅停留在旅游开发层面上,而对于乡土建筑丰富的历史、科学、社会、

---

① 国务院办公厅:《国务院关于加强文化遗产保护的通知》,〔2005〕42号文件。

艺术等价值知之甚少。在一些地区,片面追求乡土建筑的经济价值,重开发利用、轻保护管理的现象相当普遍。一些具有重要价值的乡土建筑,因为过度开发利用或保护管理不善而遭损毁。

一些地方农村干部对文化遗产保护的重要性认识不足,对上级开展的古村落乡土文化遗产保护工作存在抵触情绪。由于乡村干部与村民接触最多、关系紧密,乡村干部的这种情绪也直接影响到村民对文化遗产保护工作的态度,最终造成文保单位或乡土建筑所在地的村委会和村民对文保工作的漠视、不支持,甚至拆除、破坏、转卖古建筑及其构件,或以此为借口来要求文物部门支付经费。

由于国家实行严格的土地政策,尤其是退耕还林后,个别村落和群众将目光瞄向所谓"闲置"的文化遗址,或将遗址划成开发基地,在上面盖起了具有现代风范的高楼大厦,或将遗址当成"荒地"开垦,还说是"有效利用土地资源";也有的乡镇政府和村委会任由遗址荒芜;甚至嫌"遗址"碍事,竟将其拆除或重建。如国家级重点文物固原战国秦长城正在遭到当地农民垦荒的蚕食。战国秦长城是秦朝于公元前 306 年至公元前 251 年为防御义渠戎残

余势力骚扰而筑,1988 年被确立为国家级重点文物保护单位。现该长城遗址内外全是农田,没有任何设施以界定遗址的保护范围,农民新耕种的高粱、玉米已经侵蚀到长城城体;在福银高速公路横截战国秦长城处,一段长城干脆被村民犁平垦出田地拟种植小麦。有关部门曾阻止村民屯垦长城,但见阻挡不住便不再过问,致使战国秦长城面临消失的窘境。

陕西省韩城市重点文物保护单位"西番地事变"旧址荒弃十余年无人问津,当年革命先烈召开会议的窑洞损毁严重濒临倒塌,其中一间窑洞竟成村民的养牛棚。"西番地事变"旧址位于崛山脚下的芝阳镇西番地村,村外一条深沟旁,有一座南北朝向的院落,院子里杂草丛生,院墙已全部倒塌,仅剩几处残垣断壁,院前设有韩城市人民政府和韩城市文物旅游局 1998 年立的"韩城市重点保护单位、西番地革命旧址"的石碑。院子西边和南边的两座大房因年久失修早已倒塌,只剩下两座房屋地基残存。贴着"文物保护、人人有责"标牌的东、西两排房屋也破损不堪。院落南边有 2 间窑洞,因年久失修,已濒临倒塌。东边窑洞被村民用来做养牛棚,饲养着 3 头牛。窑洞内还存有一处 2 米宽的地道,地道里有 2 个地下室。

第二节　经济建设与文化遗产保护矛盾突出

2013 年 3 月 4 日,时任故宫博物院院长、全国政协委员单霁翔在全国两会上提交提案,指出"全国馆藏文物腐蚀损失调查报告"显示,全国 50.66%的馆藏文物存在不同程度的腐蚀损害。专家组对全国 2803 家各类国有文物收藏单位的 1470 余万件(组)馆藏文物进行了调查,其中濒危腐蚀程度文物29.5 万余件(组),重度腐蚀程度文物 213 万余件(组)。我国馆藏文物急需增加馆藏文物保护科研经费、保护修复经费、日常养护经费的投入;还要组

织全国科技力量,开展博物馆藏品抢救性保护修复专项工程,首先抢救已经处于重度腐蚀程度以上的珍贵文物,特别是濒危易损的珍贵文物①。

文化生态是文化遗产赖以生存的环境和基础条件,文化遗产环境受到严重威胁排在首位的因素,依然是新农村建设和城镇化中的建设与保护的矛盾。已有大量学者、政协委员上书中央政府,提请注意建设与保护文化遗产的关系。

一、追逐经济利益导致文化遗址毁坏

有的工程单位为了追逐经济利益而无视国家法律,甚至为赶工程工期而不惜毁坏文化遗址。如松花江大顶子山航电枢纽工程附属公路上的纪家屯金代1号遗址,对复原金代平民生活具有极高的研究价值,虽然政府曾责成黑龙江省文化厅基建考古办公室与大顶子山航电枢纽工程指挥部签订了《松花江大顶子山航电枢纽工程涉及古遗存进行抢救性考古发掘协议书》,

由黑龙江省文物考古研究所承担大顶子山航电枢纽工程施工区等 8 处遗址的考古发掘。可施工方项目部经理为赶工期,强行施工,使大顶子山航电枢纽工程附属公路上的纪家屯金代 1 号遗址遭到了毁灭性破坏,被挖掘机损毁的带有鱼纹、花边的陶片随处可见,已失去任何考古价值。

二、片面理解农村文化遗产保护内容

一些地方片面理解保护古代遗址和保护古城古村落就是恢复历史遗迹,热衷于重建古建,修庙盖塔;新建传统特色街,以致拆了真古董去建假古董;有的部门认为保护古城只是为了发展旅游需要,一味追求经济回报,以致出现许多无知的破坏行为。

造成这种现象的根源是有关方面没有摆正开发建设与文化遗产保护的关系,其结果是把文化遗产保护看作是发展的障碍,把保护与建设看作是一对不可调和的矛盾,认为在历史古城中建设性破坏是必然的;看不到文化遗产的潜在价值,把传统特色看作是落后的、与现代化不相容的东西;一些地方对新农村建设中历史文化遗产保护的宣传不够,也缺少统一的乡土建筑保护标准和评价指标,在一定程度上存在"新农村建设就是新村庄建设"的认识偏差,许多人认为"旧城旧村"就是历史留下的烂摊子,要建设就要"破旧立新"。众多媒体一度极力宣传华西村,致使人们认为那就是新农村的模板,然后把自己富有特色的民族风情丢掉,全部建成千篇一律的"洋农村",放弃了乡村原有的文化遗存、文化风貌、文化生态以及地方风情,从而割断了农村民间的历史文脉。

由于目前涉及文化遗产的重大工程建设项目的审批制度还不够完善,有的地方政府部门法制观念不强,片面强调经济建设的重要性,忽视农村文化遗产保护,没有把文化遗产保护作为农村工程建设项目的重要组成部分,因此各级文物部门在工程立项审批过程中,多是配合性地对工程涉及到的地方进行考古发掘,对部分文物开展保护。一些大型工程建设怕耽误施工进程,未采纳文物部门的合理化保护意见,致使一些重要文化遗存被破坏。

三、片面理解土地政策和产权问题

按照国家有关土地法规,我国农村实行"一户一宅"政策,旧宅基地(即旧民居)不拆,土地部门不批新的宅基地,结果迫使村民拆旧建新,导致众多传统民居被毁。同时,古村落里的无序建设也肢解了文化价值很高的原有格局、风貌,很多传统民居、村落周围兴建起大量新建筑、现代建筑,破坏了和谐的自然景观。乡土建筑内大部分房屋产权属于集体和村民个人所有,少数属于国有,使得管理和保护工作很难进行。有些房屋分属几户、十几户,保与拆、修与不修难以统一,从而造成其自然损毁。

四、农村文化生态环境面临困境

文化生态是文化生存的社会、经济、自然环境的复合生态体系,尤其与人类生活环境密不可分。由于新农村建设的全面推展,有些人片面理解新农村建设内涵,因此出现过度开发和不合理利用问题,结果使许多重要文化遗产消亡或失传。

五、开发保护还是"养在深闺"

游人的增多,不可避免地带来对长城的破坏。由此带来了一个问题,是旅游开发好,还是继续让它"野"下去?每年十万人、几十万人去攀爬数百年未修的段落,破坏力可想而知。因此,有人认为,与其把长城暴露在游客面前遭踩踏,不如让它继续"养在深闺",躲过人为破坏的一劫。但另一种建议正好相反,他们认为适当合理地开发长城恰恰是保护长城。秦皇岛市抚宁区板厂峪长城开发公司董事长徐国华说,散布在边远地区的长城每年也有很多探险者,另外长城边上的群众对未经保护的长城破坏也很严重。经过保护开发后,告诉游客哪段是濒危长城不可以爬,哪段可以爬,游客旅游有序了,村民的破坏行为也被制止住了。这几年来,长城保护比以前要好得多。董耀会说,好多野长城每年有十多万的攀爬者,这实际上反映了大家的一种精神需求,堵不如疏,政府要做的是顺应这一需求,但开发建设的前提是以保护长城为原则,而不是单纯以营利为目的掠夺性开发,目前更需要关注的是名为长城开发,实为破坏长城的行为。

第三节　农村文化遗产流失破坏严重

中国是世界上文化遗产非常丰富的国家,同时也是世界上文物流失较为严重的国家之一,盗窃、走私文物犯罪活动十分猖獗。

2008 年到 2010 年,我国公安部门共立文物犯罪案件 2962 起。为遏制文物犯罪蔓延的势头,2009 年和 2010 年,国家文物局开展了"全国重点地区打击文物犯罪专项行动";2011 年 5 月,公安部和国家文物局再次联合部署在全国 17 个重点省份开展"2011 打击文物犯罪专项行动"。公安部、国家文

物局督办了 21 起重大文物犯罪案件。截至 2011 年底，全国 17 个重点省份共破文物案件 556 起，其中盗掘古墓葬案件 143 起，打掉犯罪团伙 210 个，抓获犯罪嫌疑人 1062 人，追缴文物超过 5000 件，其中已经鉴定的珍贵文物 557 件。由于不断加大打击力度、打击文物犯罪常态化，大大遏止了走私、盗卖文物的行为。目前文物市场收藏、交易热度居高不下，加之中国文物在海外的价格不断走高，都将刺激文物犯罪行为。目前文物犯罪已出现高技术化和国际化的倾向。

一、农村文化遗产数量庞大，监管困难

由于历代环境的变迁，现存古墓、石洞窟等古文化遗址多集中在农村，由于管理疏漏，盗掘古墓、盗窃文物案件频频发生，河南、陕西等文物大省走私文物活动猖獗。如唐朝李宪夫妇合葬墓"惠陵"位于陕西蒲城县三合乡三合村之北，该墓有丰富的墓内装饰壁画及种类繁多的随葬器物，包括陶瓷器、陶俑、铜、铁、银、玉、玻璃器等，是研究唐代历史的珍贵实物资料，但因遭严重盗掘，陕西省考古研究所不得不于 2000 年对其进行抢救性发掘。另据报道，曾被评为"2005 中国十大考古新发现"之一的陕西韩城古墓群离奇被盗，随葬墓墓室文物无一留存。

红山文化遗址等千余件被盗文物被追回。据《长江日报》报道：2015 年 6 月 28 日从公安部获悉，在公安部直接组织指挥下，辽宁省公安机关会同河北、内蒙古、山西等 6 省份公安机关同步开展集中行动，一举破获公安部督办的盗掘古文化遗址古墓葬案，打掉盗掘犯罪团伙 10 个，抓获犯罪嫌疑人 175 名，追回涉案文物 1168 件，收缴一大批作案车辆、手机、银行卡。据了解，此案是中华人民共和国成立以来单案抓获犯罪嫌疑人数量和追缴被盗文物数量最多的案件，追回的被盗文物中，一级文物 125 件，二级文物 86 件，三级文物 200 件，一般文物 757 件。

2014 年以来，辽宁省朝阳市牛河梁红山文化遗址保护区监控地带外连续发生多起盗掘案件,一批古文化遗址、古墓葬、积石冢群文物本体和原历史风貌遭到严重破坏,大量文物被盗。

案件发生后,公安部高度重视。随着办案民警的走访调查和艰苦细致地侦破工作,多个活动于辽宁省朝阳市和周边地区的盗掘古文化遗址、古墓葬的犯罪团伙浮出水面,这些团伙组织严密,分工明确,有的使用专业工具和设备进行踩点、盗掘古文化遗址古墓葬,有的游走于地下文物市场兜售所盗文物,形成从盗掘到销售的完整犯罪网络。

随后,专案组逐渐锁定了以姚某某、冯某、程某等为首的 10 个盗掘犯罪团伙和 175 名犯罪嫌疑人,并收集掌握了大量他们盗掘古文化遗址、古墓葬的犯罪证据。在公安部的统一组织指挥下,辽宁省公安机关会同河北、内蒙古、山西等 6 省区公安机关,出动 1000 余名警力成功打掉这些流窜多地、疯狂作案的盗掘古文化遗址、古墓葬的犯罪团伙,追回了以玉猪龙为代表的一大批国家珍贵文物。

公安部有关负责人表示,近年来,盗掘文物犯罪活动日趋专业化、隐蔽化,作案手段和所使用工具不断升级,给文物保护和公安机关侦查破案工作带来诸多困难。公安机关将保持对此类犯罪的严打高压态势,创新方式方法,不断加大对盗掘文物犯罪的打击力度,全力遏制各类文物犯罪活动。同时,将加强与文物保护部门的协作配合,完善文物保护和巡防机制,提高群众文物保护意识,切实保护国家文物安全①。

据统计,中国被盗的古墓已有 20 万座左右,韩城古墓遭盗袭可以说是迄今为止最为重大的一次。又如四川大足石刻始于晚唐,盛于南宋,是中国石刻艺术代表作之一,1999 年被列入"世界文化遗产名录"。1995 年 6 月 4日,大足石刻北山多宝塔内一尊南宋时期的释迦牟尼佛像头部被人盗割。

---

① 《长江日报》2015 年 6 月 28 日。

25 天后,警方在成都将主犯王洪君抓获,找到来不及出售的佛头,并依法判处主犯死刑。

二、农村文化遗产管理能力不足,监管失控

山西是全国古建筑遗存最多的省份。近年来受相关法律细则缺失、基层管理能力不足等因素影响,大量村落内的古建及构件被盗窃或买卖。有关专家表示,此类现象不仅造成古建筑资源流失,还破坏了村落的原始风貌和地域特色,建议采取措施加强监管,留住即将逝去的"乡愁"符号。

2006 年,有关专家从 2005 年 100 余项考古发现中评选出 25 项重大发现,涵盖了从旧石器时代至宋元时期各个类型的文化遗存,但其中 10 个项目曾遭到盗掘;入选十大考古新发现的文化遗存项目中至少有 5 项被盗掘,其中 3 项是因为被盗掘而进行的抢救性发掘。

大量文物被盗掘使得走私文物现象十分猖厥,通过口岸流向海外。据海关统计,2000 年以来,天津海关海运口岸货运渠道已查获文物走私案件 29 起,查获国家禁止出境文物 3000 余件,其中国家三级保护文物 41 件,被截获的文物涉及书籍、字画、木器、瓷器、石雕等百余种;而且大部分保存年代久远,有石器时代石斧、战国陶罐、汉代陶鸟、辽代黄绿彩花盘、元明清瓷器等。

就敦煌宝藏而言,敦煌遗书在国内仅存 2 万件,仅占全部敦煌遗书的 3 成;其余在法国巴黎国立图书馆有 6000 件,俄罗斯圣彼得堡亚洲民族研究所有 12000 件,大英图书馆东方写本部有 13700 件,英国印度事务部图书馆近 2000 件,另在日、韩、美、奥、瑞等国均收藏有大量我国敦煌文物[①]。据不完全统计,在 47 个国家的 200 多个博物馆里有中国文物大约 100 多万件。由于大量中国文物流失海外,部分国外博物馆成为重要的中国文物收藏地。

如大英博物馆东方艺术馆,大部分藏品是中国历代稀世珍品,总数达

---

① 叶楠:《敦煌遗书是怎样流失海外的》,《戏剧之家》1999 年第 5 期。

3万多件,其中绝大部分是无价之宝。大英图书馆有中国珍贵文献和古籍6万多件,其中有中国波罗蜜佛经最早版本,《永乐大典》45卷及甲骨片、竹简、刻本古书、敦煌藏经和地图。

美国纳尔逊美术馆最出色的收藏是东方文物,其中最精彩而著名的是中国文物,数量多、质量高。美国波士顿美术馆以东方艺术品著称于世,现藏有中国和日本绘画5000余幅。其中有相当数量的宋、元时期名画,如保存完好的唐张萱《捣练图》宋代摹本、宋徽宗《五色鹦鹉》。美国旧金山亚洲艺术博物馆是以收藏亚洲文物,尤其是中国文物为主的博物馆。其中陶瓷部有2000多件文物,始于新石器时代,迄于清;玉器部有1200多件文物;青铜器部约有800件文物。美国宾夕法尼亚大学博物馆收藏有中国汉魏隋唐石刻,唐代"昭陵六骏"中的"拳毛"和"飒露紫"就在该馆。

法国卢浮宫是收藏中国文物最集中的地方,仅其分馆吉美博物馆就收藏中国文物数万件,其中历代陶瓷器1.2万件,居海外博物馆中国陶瓷收藏

之首,卢浮宫还收藏 6000 多件中国历代瓷器精品和 200 多件唐宋绘画。日本有上千座博物馆收藏中国文物,尤以东京国立博物馆收藏最丰,设有五大展厅展示中国文物。此外海外私家收藏中国文物也难以数计。珍贵文物的流失使我们痛心疾首。中国政府高度重视流失海外的珍贵文物的追索和征集,特别是近年来加大了这方面的力度,比如中国政府加入了《关于禁止和防止非法进出口文化财产和非法转让其所有权的公约》,近年来,中国政府与秘鲁、意大利等国签署了双边协议加强双边关系,来解决这个问题。同时,有关部门加强了与国际刑警组织、国际海关组织和相关组织的联系,通过国际合作的渠道来追索流失境外的中国文物。中国还建立了流失海外中国珍贵文物信息数据库,以便及时、准确、高效地对流失海外文物进行追索。在中国政府的不懈努力下,已经成功地追索了一批流出海外的珍贵文物,比如 2000 年从新西兰追索回了八国联军从广州劫掠的一批瓷器,2001 年从美国海关追索回来了走私的河北曲阳的古代彩色石雕像,2003 年从香港克里

斯蒂拍卖行依法索回了河北承德被盗出境的 40 多件珍贵文物等。自 2002 年"国家重点珍贵文物征集专项经费"启动以来,中国政府已成功回购文物图书(善)本、瓷器、青铜器、家具、玉器等各类珍贵文物数百件(套),珍贵皮影等文物 6 万件。然而,每年几千万元的财政划拨,面对动辄天价的文物市场,无异于杯水车薪。现阶段国家只能重点收购少量有代表性的、文物艺术价值极高的珍品。对于流失海外的 100 多万件文物来说,这只不过是九牛一毛。究其原因,是由于文物走私者追求经济利益而置国家利益于不顾所致的。

三、风雨侵蚀、人为破坏严重

风雨侵蚀、人为破坏、缺乏维护管理,一些地区文化价值较高的明代长城文字砖被偷盗、拆解、贩卖的现象屡见不鲜。河北省一些地区的古长城状况堪忧。

1. 风雨侵蚀使农村文化遗产损坏现象严重

自然环境保护不力导致文化遗产遭受损害。如周口店文化遗址是第一批全国重点文物保护单位,是世界上唯一的从 70 万年前至 1 万年前的古人类遗址群,同时又是世界上同时期古人类遗址中内涵最丰富、材料最齐全和最有研究价值的古人类及古生物遗址,是我国古人类学、旧石器时代考古学和第四纪地质学等多学科的研究基地。但是,目前周口店遗址的保护状况不容乐观:生态环境恶劣,周边企业生产对遗址造成严重污染,从而影响了文物本体的保护;同时铁路震动对遗址影响严重,遗址所在村镇用地严重威胁遗址保护,博物馆建筑设施相对落后。

稍微碰触城墙,就会有薄土落下,不少烽火台的砖瓦脱落,部分墙体出现倾斜,有些城墙经风雨侵蚀已被掏空,留下数个大洞,可能一场暴雨就会坍塌,这是河北境内部分古长城的现状。2014 年中国长城学会调查显示,长城保护状况不容乐观,以明长城为例,明长城的墙体只有 8.2% 保存状况较

为良好,而 74.1%保存状况较差,甚至只剩下了地面的基础部分。

中国长城学会副会长董耀会表示,真正的砖石结构长城大部分分布在河北和北京境内,即使这些长城是砖石结构,也经不住常年的风吹雨打,不少城楼已经摇摇欲坠,夏季一场暴雨就可能被冲塌,对于这些即将坍塌的危楼,建议有关部门要尽快普查,修缮越早,消失的就越少。

资料显示,城楼被冲塌的现象不乏先例,2012 年七八月份的强降雨,就曾造成河北境内的万里长城大境门段出现 36 米坍塌,山海关城墙出现漏雨险情,乌龙沟段敌楼坍塌。

除了夏季暴雨,长在城墙缝里的树已成了这些地段长城最大的危害。在秦皇岛市抚宁区板厂峪、董家口等地段,不少城墙缝里都长出了树,有些甚至长在了城楼上,墙体被树撑坏的现象十分严重。当地百姓表示,如果不清理,这些树根经过雨水的作用会继续生长,墙体会继续被撑开,直至撑裂城楼。

2. 人为破坏使农村文化遗产损坏现象严重

由于有关部门对文化遗址保护不力,致使文化遗址遭受人为破坏。如遇真宫是武当山著名的景点之一,也是世界文化遗产武当山古建筑群的重要组成部分,迄今已有 600 年历史。2003 年 1 月 19 日 19 时,遇真宫主殿突发大火,直至 21 时 30 分左右扑灭,但最有价值的主殿已化为灰烬。2014 年 1 月 17 日云南丽江古城发生大火,损失惨重。

我国的万里长城也因保护不力,致使其遭受破坏。抚宁区长城保护员张鹤珊指出,除去地震、风雨侵蚀等自然因素,人为破坏仍是长城生存的一大威胁,长城砖被盗、被贩卖现象时有发生,加之近年来的野长城旅游热,都加快了古长城被损坏的速度。在河北卢龙县刘家营乡东风村,村里房屋多是低矮破旧的建筑,但房屋本体和院墙使用的多是青灰色的长厚砖。村里老百姓表示,村子比较穷,所以早些年从长城上拆下这些长城砖来盖房,近年来当地老百姓保护意识有所提高,拆长城砖盖房的现象已有所减少。

另外,卢龙县东风村背后的长城上有一些砖比较特殊,砖上刻有文字即文字砖,破坏、盗窃文字砖的现象还时有发生。东风村一村民表示,自己家里面就有文字砖,砖上刻着左、中、右等字,市场价多是四五十元钱一块,如买,可便宜至30元钱一块。该村一位妇女表示,自己家没有长城文字砖,但可以去村后的长城上捡,暴露出监管不严的问题。长城遗产研究界认为,这些文字砖具有不可替代的文物价值,但历经数百年自然侵蚀,加上人为的破坏,目前正在渐渐消失。

有记者采访了抚宁区、卢龙县多名长城保护员,他们表示,近年来,到野长城旅游探险的游客越来越多,但这些长城目前多处于自生自灭的状况,这些年催生的野长城热实际上已经超过了长城的承载能力,目前部分地区对野长城的破坏比已开发的长城景区要严重得多。

据当地长城保护员表示,游客频繁的踩踏难免会造成一些长城砖石的

松动。抚宁区文保部门表示,抚宁区野长城破坏少的,都是山坡比较陡峭、游客难以攀爬的地段。

3. 对农村无形文化传统抢救不力

目前,中国仍存在对依附个体存在的、口口相传的无形文化传统抢救不力的现象。目前掌握一定传统艺术技能的民间艺人已为数不多,出现传承后继乏人的现象,大量罕见的民间文艺、民俗技艺随着前辈艺人的去世而销声匿迹,每天都在重复着"人亡艺绝"的态势;民间傩戏、皮影、年画等经典民俗文化技艺随着生存环境的变化而悄然逝去;由于农村文化遗产保护缺少政策和资金支持,保护工作举步维艰,许多非物质文化遗产如剪纸、口传史诗、糖画等也在悄无声息地消失。

日本学者稻烟耕一郎认为,中国民间保存着令世界惊叹的多彩原始面具和原始文化,可惜这些原生态的资源正在受到不同程度的破坏。一些古老的面具因未得到有效保护而变质、损坏,与此同时,粗制滥造的仿制品却

大量流传,使得中国傩文化变调、变味,在某种程度上破坏了它的学术价值。非物质文化遗产是民族最基本的文化符号,是传承民族生存的生命线,如果不加以重视,它就会不可避免地走向消亡,而这种消亡从一定意义上说意味着民族个性及特征的消亡,意味着我们民族"文化种群"的退化。

四、旅游资源开发过度,损害农村文化遗产

许多古村落试图通过发展旅游业来带动当地经济,促进新农村建设。不可否认,旅游资源的合理开发和利用对古村落保护有一定的促进作用,但如果过度开发,其弊端也是显而易见的。许多原生态的古村落开发为旅游景区后,缺乏科学的规划,盲目建设餐饮、宾馆和道路等配套设施,从而导致古村落整体景观不协调,建设性破坏严重。此外,为追求经济利益,不限制游客人数,大大超过了古村落环境人口容量。而过于浓重的商业气息,严重破坏了古村落的生态及其独有的宁静和谐的生活氛围。更令人担忧的是,当古村落成为景区后,不可避免地会受到现代文明的冲击和异地文化的入

侵,古村落所特有的乡风民俗正在受到外来观念的威胁和破坏,进而影响古村落的原貌和人文魅力,这种现象在很多古村落都有加剧的趋势①。

第四节　保护法规缺失、政策法律滞后

一、缺乏完善的农村文化遗产保护标准

由于农村乡土建筑的保护兴起较晚,文物部门和学术界对其重要性虽看法一致,但在具体保护标准和技术规范上尚存分歧。由于乡土建筑涉及的范围很广,保护对象十分复杂,因此制定全国统一的保护标准难度很大。建设部和国家文物局近年曾公布过《中国历史文化名镇(村)评选办法》《中国历史文化名镇(村)评价指标体系(试行)》。该评选办法、指标体系有一定参考价值,但适用对象仅限于中国历史文化名镇(村),难以适用于普通的乡土建筑。因此,单独制定乡土建筑的保护标准、评价指标是今后的首要工作。

二、缺乏完善的保护政策和法规

中国持续高速发展的经济建设活动,已由旧城改造发展到新农村建设,如不及时制定"乡土建筑保护法规",大规模的新农村建设活动可能会在短时期内影响千百年来形成的传统文化圈。从新农村建设试点省份的情况来看,凡是未列入文保单位的乡土建筑,在有关政策鼓励之下均可由村民自愿拆除改造,一批十分珍贵的传统乡土建筑随时面临被拆毁的危险;同时也出现了住户想保护但无法可依,或因不符合村镇总体规划不得不拆的局面。目前,我国虽然有一部《文物保护法》及《实施条例》用于广泛意义的文物保

---

① 刘歆、徐良:《新农村建设中古村落文化遗产保护问题研究》,《河北工业大学学报》2010 年第 6 期。

护管理,但乡土建筑的保护具有特殊性,现有法规并不能完全满足保护需要;而有些地方出台的法规具有明显的地域性、局限性,只适用于当地。因此,当前中国政府迫切需要制定专门的、全国性的法规来解决乡土建筑保护问题,尤其是解决大量未列入文物保护单位或政府保护名录的乡土建筑的保护问题,它们正面临各种建设性破坏与自然损毁。

2006 年,我国《长城保护条例》颁布实施。有专家表示,由于缺乏执法者,缺乏具体细则,《长城保护条例》仍处于一纸空文的状态。董耀会表示,破坏长城的行为现在只能发现一起举报一起,然后再协调稽查队,等执法人员到现场后,文物可能已经被破坏了。

三、农村文化遗产保护中存在渎职和腐败行为

在农村遗产地和遗产财产管理方面,还存在相当多的制度漏洞。如某博物馆的陶瓷古物登记造册有记录而实际实物消失,有的遗产地出现文物丢失被盗而无人知晓的情况,有世界遗产地擅自改变保护性质的情况,还有的无视遗产地修复工程质量和维修单位资质要求,借此寻租,转包再转包,层层渔利,严重危害了农村文化遗产保护,渎职和腐败行为不容忽视。

第五节　资金与人才的缺乏

一、农村文化遗产保护的人才严重缺乏

目前,我国农村文化遗产保护的人才,特别是农村文保人员严重缺乏,这已经妨碍到农村文化遗产保护的健康长远发展。

对进出境文物进行审核,是防止珍贵文物流失境外的最后一道关口。《文物保护法》规定,文物出境由"国务院文物行政部门指定的文物进出境审核机构审核"。但目前文物进出境鉴定工作在体制管理、队伍建设上存在着一些问题,全国 17 家文物出境鉴定站,只有部分鉴定站是作为独立法人事业单位开展工作的,还有一部分出境鉴定站挂靠在文物局或博物馆开展工作。根据有关规定,文物进出境审核机构应该配备 7 至 12 名专职人员,其中"应当有 5 名以上专职文物进出境责任鉴定员"。但目前只有 6 家单位达到这一要求。专职鉴定人员流失现象依然存在,队伍不稳定,在一定程度上制约了文物出境审核工作的正常开展。

二、农村文化遗产保护的资金严重不足

资金缺乏问题。目前乡土建筑的保护资金、改善基础设施的资金投入严重不足,导致维修保护工作严重滞后。由于乡土建筑数量多,维修规模大,所需费用极高,仅凭居民、村镇和地方政府的力量难以承担,不少乡土建筑失修失养。另外,部分老建筑的维修费用甚至高于新建筑的费用,居民对投资维修的积极性普遍较低。而按照现行文物保护资金使用政策,专项资金不能补贴产权属于私人的古民居,造成大量亟待维修的民居自然损毁态势依然存在。

管理和维修问题。乡土建筑保护不同于一般的文物保护单位,新旧建筑杂处,保护对象和周边环境十分复杂,居住人口众多,仍为民众日常生活生产使用,缺乏统一规划与合理管理,产权关系又不太清晰,与情况相对简单、产权相对清晰的一般文物保护单位差别较大。相较之下,管理和保护工作的难度也更大:要么无人管束、乱拆乱建,甚至在周围兴建起大型水泥厂、化工厂等污染项目,直接加剧了水源、空气污染,在不同程度上破坏了原有生态系统;要么基础设施落后,缺乏必要的卫生、排水等公共设施,生活条件极差,居民缺乏保护文物的积极性,任其失修、垮塌,使得乡土建筑直接面临着生存危机。全国重点文物保护单位俞源村、诸葛长乐村等也在不同程度地面临着同样的问题。在维修方面,当前的文物保护工程资质管理办法主要适用于各级文物保护单位,而乡土建筑大多未列为保护对象,因此,当前乡土建筑保护急需加强管理,并建立、完善适合其特点的维修管理体制。

长城保护就面临缺人和缺财的两重困境。长城沿线文物部门日常的工作之一就是对长城遗址进行巡查监督,但因长城体量太大,单纯依靠文物部门无法解决这一问题。以秦皇岛市抚宁区为例,抚宁区文物部门在编人员只有9人,仅靠这些人员无法完成巡查全县142.5公里长城的任务。同时,长城沿线县区经济相对贫困,比如长城经过的张家口市,地方政府确实无力出资维修和保护长城。有关专家指出:"长城是世界上规模最大的单体线性文化遗产,在野外,不可能像其他文物那样收藏起来,对它的保护,单靠文物部门是不行的。"

第六节　农村生活变迁致使少数民族特色消失加快

近年来,少数民族地区经济快速发展,但相对于东部较发达地区仍显得落后,需要发展的愿望更为迫切。目前少数民族地区在追求经济发展时,仍面临两难困境:一方面如果加快经济发展和工业化进程,加入经济全球化的链条,必然会加剧生态与传统文化不可持续的危机;另一方面,如果放慢发展经济与工业化的速度,又会加大与较发达地区的差距,难以满足人民日益增长的物质文化需求。如何保持经济发展与文化保护之间的平衡,认识少数民族文化在经济社会发展中的作用,以及如何保护丰富多彩的各少数民族文化,让它们更好地可持续发展,还有必要深入探讨。

一、少数民族地区农村文化遗产面临消亡危机

民族文化包括物质和精神两个层面,前者主要指衣、食、住、行这些看得见、摸得着的东西,承载着各个民族独特的历史与风情,每个民族都有它独特的东西,自己的特点,各个民族的特点都很明显;精神文化的内容,包括语

言文字、音乐舞蹈、风俗习惯、宗教信仰、图腾崇拜、祭祀活动等,如侗族的大歌、苗族的舞蹈。随着经济的发展、工业化的进程,少数民族地区的物质文化与精神文化都面临着消亡的危险。主要包括以下几个方面:

1. 民间工艺产品及其手工技术走向消亡

现代工业的发展、经济全球化造成的必然结果是:少数民族地区手工制作的民间工艺,与现代工业制造品相比既耗力又耗时,成本太高没有竞争力,因此年轻一代没人愿意去做这种费力不讨好的工艺,工艺传承就不可能持续,工艺技术也就走向了消亡。以贵州漆器生产为例,"贵州民间产漆器的地区清末至 1949 年前泛指毕节、大方、德江等 10 地。现在仅大方县还有漆器生产。不仅如此,原在威宁等 5 个县分布均匀的民间开采铜矿技术现在全部消失。此外,桐梓的井盐、毛毡,遵义的油绸,仁怀的沙酒,赤水的竹篦和先炳生铁锄,思南的丝线,安顺的皮革器和牛皮毯,雷山的石印,黎平的树皮布,安龙的龙溪砚,铜仁的葛布和麻布,兴义的三清镰刀等项目都已消失。贵州传统工艺濒临失传的项目就更多了,比如,沿河的土家族乐器,盘州市的雕版印刷,贵阳的雄精雕等。省博物馆传统工艺课题研究组初步调查统计,贵州传统工艺濒临失传的项目占 15.6%,已知失传的项目约占 5.6%"。

2. 少数民族地区的精神文化面临危机

(1)少数民族地区的语言文字濒临消亡

语言文字是一个民族文化的魂,是少数民族独特的艺术与风俗习惯的基础与载体,少数民族丰富多彩的语言表现了多样的民族风情,是世界文化宝库的重要组成部分。少数民族地区的语言文字濒临消亡的危境,许多研究少数民族的学者都在呼吁加大对少数民族语言的保护力度。如云南省政协委员石锐说:"一个民族如果失去自己的语言,那它的精神文化也将丧失,对濒危的少数民族语言的保护力度应该加大。""云南作为中国少数民族最多的省份,其中有十五个民族是云南独有的,如白族、纳西族、傈僳族、基诺族等,少数民族语言丰富多彩。但近几十年来,云南十多种民族语言正面临消亡危险。"

再如在广州举行的"南方少数民族语言与文化"学术研讨会上,来自中国各地的 40 多名学者共同发出紧急呼吁:保护我们国家濒危少数民族语言与文化!"现在,全国会讲满语的人只有 150 个了!""1992 年,我们到潮州一个畲族聚居村调查,发现 320 个村民中只有 6 个人会讲他们民族的语言——畲话。当我们去年再去的时候,会讲畲话的只剩下 3 个人了,另外 3 个已经过世。估计再过几年,就没人会讲这种民族语言了。""中国已发现的少数民族语言有 120 多种,目前是每一到两年就会消亡一种。"

(2)少数民族歌舞等难以传承

经济全球化导致消费文化的传播,使少数民族地区人民的居住环境、生活消费方式有了很大的变化,民间歌舞赖以生存的环境改变了,具体表现在民间歌舞等艺人逐渐老龄化,年轻人很多都出外打工,没有时间和心情向老一辈学习,导致民族歌舞后继乏人,面临失传。

联合国教科文组织与中国民协组织抢救西部民歌的调查显示:会唱传统民歌的人越来越少,以广西巴根屯为例,会唱传统民歌的只有 11 人,而能唱全的不足 3 人。甘肃省永靖县政协主席马永清说,青海、甘肃两省少数民族除了花儿的传统演唱方式和演唱环境保存得比较完整外,其他传统民歌的演唱已经没有了,特别是一些记载着民族历史的民歌。四川音协表演艺术部主任赵小毅说,在四川的演艺舞台,民歌的份额正在减少。在民间,偏远地区的原生态民歌尚未遭到冲击,随着城市化进程的加快,一些距离城市较近的少数民族民歌正在减少。九寨沟著名的南坪民歌现仅有 8 人能演唱大多数曲目;羌笛演奏者亦不超过 10 人;羌族多声部民歌的演唱者只有数量刚好够的 4 人,且年龄最小的都已 50 多岁。其他地方,如江西、贵州等地也存在着同样的问题。

二、少数民族农村文化遗产面临消亡危机的原因

1. 工业化与经济全球化引起的生产生活方式的变革

近年来,少数民族地区经济不断发展,社会生产及经济方式发生明显改变,这些地区交通日渐发展,外出务工人员增多,与较发达地区物质和文化交流逐渐增多,人民的需求不断增加;经济全球化过程中,商人主导的消费观念加剧了以前缺食少衣的人们对物质的欲望无限膨胀,少数民族文化在消费文化面前显然居于弱势,人们对传统文化特别是精神文化重视不足。还有一个原因是,很多人没有充分认识到少数民族文化在保持世界文化多样性中的价值,在满足人们精神追求中的重大价值,也没有看到少数民族文化在保持全球生态平衡中的意义和重要性。大家大多还不重视保护民族文化的重要性,试想:如果现在忽视民族文化的保护,使民族文化消亡而出现断层,今后再来寻找民族精神文化来抚慰心灵就会无处入手。

2. 学校教育未能承担民族民间文化传承的责任

学校教育未能承担民族民间文化传承的责任,有时反而促进民族文化的消亡。少数民族地区的中小学教育也是应试教育,对与升学率无关的民族民间文化的教育不重视,没有把传承民族文化列入学校教育的目标,内容也少有传授民族文化的。韦兴儒举了个例子:岜沙村上过初中的易会计曾这样告诉别人,"只要9年制义务教育一普及,我们的'后棍'(椎髻)就完了!"因为初中得到县城去上,保留这种发型会被人嘲笑,易会计自己就有这种被人嘲笑而剃发的经历。"民间文化大多凭借口传心授,以相当脆弱的方式代代相传。一旦没有继承人,就如断线风筝,即刻消失,化为乌有。"审视我国新农村建设中涌现出的文化遗产保护种种问题,使我们深刻认识到农村文化遗产保护刻不容缓,重任在肩。

第五章

我国农村文化遗产保护中长期发展理念

第一节　我国农村文化遗产保护面临的形势

中国是伟大的文明古国,灿烂的农村文化遗产是宝贵的民族财富,是建设世界文化强国的重要组成部分。保护和珍爱农村文化遗产就是对人民文化创造和历史文化传统的尊重,是建设民族的科学的大众的中国特色社会主义文化的必然要求。继承和利用农村民间文化遗产是进行文化创新、文化繁荣的重要实践。

一、新农村文化建设是国家新农村战略的核心

党的十六届五中全会明确提出了"全面建设社会主义新农村"的战略,这是在我国改革开放 20 多年后,综合国力有很大增强、居民生活水平有很大提高、城乡差距在不断拉大的背景下国家发展战略的一次大转移,农村地区必将而且已经发生翻天覆地的变化,正在向中共中央提出的"生产发展、生活宽裕、乡风文明、村容整洁、管理民主"的建设目标快速迈进。但是在新农村建设过程中不可避免地给农村文化遗产的保护带来了冲击,造成破坏,因此在 2005 年底,中共中央国务院公布《关于推进社会主义新农村建设的若

干意见》特别强调:"要保护有历史文化价值的古村落和古民宅。"2005 年 12 月 22 日国务院又发出《关于加强文化遗产保护的通知》(国发〔2005〕42 号),要求进一步加强文化遗产保护,认为"我国的文化生态正在发生巨大变化,文化遗产及其生存环境受到严重威胁。不少历史文化名城(街区、村镇)、古建筑、古遗址及风景名胜区整体风貌遭到破坏。地方各级人民政府和有关部门要将文化遗产保护列入重要议事日程,并纳入经济和社会发展计划及城乡规划"①。可以说,在新农村建设伊始,中央政府就看到了文化遗产保护的重要性,这无疑给农村文化遗产保护带来新契机。中国有七千多年农耕文明史,全国七万多处文物保护单位半数以上分布在村、镇,乡村实际上是我国传统文化保存最完整的地区,是加强文化遗产保护的重点。

二、新农村文化建设关乎我国社会发展的成败

2011 年 10 月,中国共产党十七届六中全会通过了《中共中央关于深化文化体制改革 推动社会主义文化大发展大繁荣若干重大问题的决定》(以下称《决定》)。《决定》认为:"当今世界正处在大发展大变革大调整时期,世界多极化、经济全球化深入开展,科学技术日新月异,各种思想文化交流交融交锋更加频繁,文化在综合国力竞争中的地位和作用更加凸显,维护国家文化安全任务更加艰巨,增强国家文化软实力、中华文化国际影响力要求更加紧迫。当代中国进入了全面建设小康社会的关键时期和深化改革开放、加快转变经济发展方式的攻坚时期,文化越来越成为民族凝聚力和创造力的重要源泉、越来越成为经济社会发展的重要支撑……全面建成惠及十几亿人口的更高水平的小康社会,既要让人民过上殷实富足的物质生活,又要让人民享有健康丰富的文化生活。我们必须抓住和用好我国发展的重要战略机遇期……进一步推动文化建设与经济建设、政治建设、社会建设以及

---

① 国务院:《关于加强文化遗产保护的通知》(国发〔2005〕42 号)。

生态文明建设协调发展,更好满足人民精神需求、丰富人民精神世界,为继续解放思想、坚持改革开放、推动科学发展、促进社会和谐提供坚强思想保证、强大精神动力、有力舆论支持、良好文化条件。"①可见,中共中央将文化建设提高到了决定我国社会发展成败的一个关键因素的地位。

《决定》同时认为:"文化是民族的血脉,是人民的精神家园。在我国五千多年文明发展历程中,各族人民紧密团结、自强不息,共同创造出源远流长、博大精深的中华文化,为中华民族发展壮大提供了强大精神力量,为人类文明进步做出了不可磨灭的重大贡献。"因此保护、继承和发展好我国优秀的传统文化遗产成为当前的首要任务。同时,向文化进军号召的提出又为农村文化遗产的保护提供了千载难逢的机遇,这无疑是我国文化建设事业成败的关键步骤。

三、新农村文化建设是文化强国战略的重要支撑

随着经济全球化和科技信息化的快速推进,今天的世界经济全球化趋势正在加速形成,世界各个地区、各个国家、城市与城市之间、城市和农村之间的经济联系在不断地加强。科技信息化的发展速度总是让我们瞠目结舌,一个新产品从研发到投产制造、再到市场推广,周期越来越短,更新换代的速度越来越快,这正是第三次科技革命最明显的特征。与此同时,全球文化的传播和相互影响正借着经济全球化和科技信息化的步伐在飞速发展,一个明显的特征就是以美国为首的西方国家文化以经济和科技为后盾的强势扩张。我们看到,目前美国制作的电影占据了世界电影市场85%的份额,占领了欧洲市场71%、日本64%、美国本土97%的份额。法国在保护民族文化方面做了许多努力,但美国电影依然占据法国电影市场的60%。其他国家情况更糟,如英国国产电影只能占到10%的市场份额,意大利国产影片只

---

① 《中共中央关于深化文化体制改革　推动社会主义文化大发展大繁荣若干重大问题的决定》,2011年10月。

占本国市场的 5%。据新闻联播报道,2011 年我国电影市场 60% 的份额被美国电影占领。这从一个侧面反映了我国经济社会虽有较大发展,但是文化发展显然与经济社会发展不相协调。在经济全球化和科技信息化的今天,推动社会主义文化大发展大繁荣刻不容缓。其中最重要的就是要保护、继承和发扬我国优秀的文化遗产,尤其是薄弱的农村地区文化遗产。

综上所述,在经济全球化和科技信息化的国际大背景下,我国广大的农村地区既是新农村建设的战略基地,又是文化大发展的重要支撑,这无形中使我国农村地区成了新农村建设和文化发展的交叉地区,因此农村地区的文化遗产保护成了我们今后工作的重要任务。我国农村地区文化遗产的保护正面临一个新的局面,进入发展的新时期。

第二节　我国农村文化遗产保护发展与实施目标

一、我国农村文化遗产保护的发展目标

围绕建设社会主义文化强国的宏伟目标,全面落实到 2020 年文化改革发展总体部署,"十三五"时期,我国农村文化遗产改革发展的主要目标是:要形成较为完善的农村文化遗产保护体系,具有历史、文化和科学价值的遗产及文物得到全面有效保护;保护农村文化遗产和文物成为全社会的自觉行动,为实现文化遗产大国向文化遗产强国的转变奠定坚实的基础。建立健全具有中国特色、与世界接轨的农村文化遗产保护理论体系;形成科学完备、保障有力的法律体系;形成高效的文物博物馆管理体系,联动响应、监管到位的遗产保护安全体系;形成政府主导、惠及全民的农村文化遗产公共服务体系;形成结构优化、技术过硬的保护人才体系;形成不断创新的科技支撑体系;形成多方协力、共建共享的农村社会参与体系;以及形成布局合理、

覆盖广泛的遗产保护传播体系,加快农村文化遗产保护事业发展步伐。

二、我国农村文化遗产保护实施的九大目标

1. 处于农村境内的世界文化遗产和重大遗址的保护规划编制启动率达到 100%。农村境内世界文化遗产和重大遗址、国家一级博物馆的文物安全监测平台建设率达到 100%;每三年完成一轮世界文化遗产监测巡视工作。

2. 农村博物馆总数达到 2300 家。免费开放博物馆、纪念馆占比达到 25%;法人治理结构规范化、管理专业化的民办博物馆建设率达到 10%。农村博物馆年均举办陈列展览达到 7800 次以上,年接待观众达到 3 亿人次以上。农村国有博物馆一级文物的建账建档率达到 100%。

每个地市级以上中心城市拥有 1 个功能健全的博物馆,每个农村少数民族的文化遗产和民族文化都能通过博物馆得到全面保护、研究和展示。

3. 县区级文物行政执法机构建成率达到 15%(省级文物行政执法机构

建成率达到 70%,地市级文物行政执法机构建成率达到 30%),建成 5 至 10 家国家农村文化遗产和文物安全综合管理实验区(示范单位)。

4. 第一至六批农村重点文物保护单位的重大险情排除率达到 100%。第七批农村重点文物保护单位的重大险情排除率达到 50%。建成 10 至 20 个国家级文物标本库房;农村文物博物馆一级风险单位中文物收藏单位的防火、防盗设施达标率达到 100%。

5. 文物保护行业重点科研基地总数达到 10 家;组建 5 家农村文化遗产保护技术创新联盟和 5 个文物保护科技区域创新联盟。培育 2 至 4 家文物保护科研机构进入国家重点实验室序列;制定 30 至 50 项农村文化遗产和文物保护行业标准。

6. 全国文物进出境审核机构总数达到 20 家,文物进出境责任鉴定员总数达到 200 人。

7. 实施 10 项处于农村境内的大遗址保护重点工程。建成若干国家考古遗址公园和 5 至 10 个大遗址保护管理机构;建设 5 至 10 个遗址博物馆。

8. 县级及以下可移动文物保护设计和修复资质单位总数达到 20 家。开展包括国家文物保存环境监测中心、区域文物保存环境监测中心、文物保存环境监测站在内的全国珍贵文物保存环境监测网络建设工作。完成若干个包括文物保护综合技术中心、文物保护修复区域中心、馆藏文物保护修复技术和成果推广服务站在内的县级可移动文物保护修复架构体系建设。建成若干个考古现场文物保护移动实验室。

9. 开展大规模农村县级及以下文物博物馆干部培训,培训总数达到 2000 人次。重点开展全国县级文物部门负责人培训;专业技术人员培训 1500 人次;县级及以下文物行政执法人员培训 1000 人次。

第三节　我国农村文化遗产保护的实施原则

一、坚持"保护为主,抢救第一"的原则

政府有关部门,要把保护文物、传承文明作为农村文化遗产保护事业加速发展的根本。保护是事业发展的前提,利用是事业发展的过程,管理是事业发展的手段,传承是事业发展的目的。要坚持依法保护和科学保护的原则,遵循遗产保护规律,保护文化遗产的真实性和完整性,保护遗产的自然环境和人文环境。建立科学保护遗产的长效机制,推进遗产抢救性保护与预防性保护的有机结合。加强遗产的日常保养,监测遗产保护状况,改善遗产和文物的保存环境。

二、坚持"保护与利用统筹兼顾"的原则

各级政府要把经济社会发展作为农村文化遗产保护事业加速发展的前

提和基础。合理利用好遗产资源,构筑遗产保护的新优势和新动力。充分释放文化遗产资源潜能,充分挖掘遗产资源价值,使文化遗产保护事业成为促进新农村建设、优化乡村面貌、彰显文化魅力、改善生态环境、提高人民生活质量的重要内容和有力支撑。

各级政府要把提高质量作为农村文化遗产保护事业加速发展的核心任务。统筹兼顾遗产保护的规模发展和内涵利用,更加注重遗产保护理念的转变,更加注重遗产管理体制和运行机制的改革,更加注重文物保护模式和利用途径的创新,更加注重遗产保护的制度建设,有效提升遗产保护管理的精细化、规范化和信息化水平,确保文化遗产和文物安全并永续传承;提高遗址和博物馆公共文化服务质量,更好地满足大众多层次多样化的文化需求。

三、我国农村文化遗产保护的改革与创新

各级政府要把改革与创新作为农村遗产保护事业加速发展的强大动力。加快构建遗产保护事业科学发展的体制机制,重视改革的顶层设计和总体规划,提高改革决策的科学性,增强改革创新的协调性,力求在保护的管理、科技等重点领域改革上取得突破;推进观念创新、体制机制创新、科技创新、传播手段创新、保护传承方式创新,促进文化遗产保护事业在参与创造物质财富和精神财富的实践中焕发出新的活力,充分发挥遗产资源的综合效益。

四、实施农村文化遗产保护的示范工程

各级政府要着力培育一批农村遗产保护利用的示范工程、关键技术、品牌活动、先进机构、领军人才,引领农村遗产保护事业在创新中发展。发挥农村重点文物保护单位、世界文化遗产、国家遗址公园、国家一二三级博物馆的示范作用。创建全国文物工作先进县、农村遗产保护科技创新奖、全国农村遗产安全综合管理实验区、遗产保护优秀工程、十大考古新发现、文化

遗产日、国际博物馆日、国际古迹遗址日等文物工作品牌,形成示范和引领农村遗产保护事业发展的矩阵。

第四节　我国农村文化遗产保护的战略任务

一、农村文化遗产保护能力建设

中央政府要建立农村遗产资源调查的长效机制,加强县级及以下地区的革命文物、水下文物、乡土建筑、文化线路和村镇景观等不可移动文物的调查登记工作。开展国有可移动文物普查工作,推进农村国有馆藏文物的认定、登记和建账建档工作。推动建立农村民间收藏文物调查、认定、登记、流转制度;开展流失文物调查、登记和建档工作;提高信息技术在遗产资源调查中的应用。

　　中央政府要着力实施一批重大农村文化遗产抢救性保护工程,构建有中国特色的农村遗产维修保护理论体系和文物保护工程管理体系。实施元代以前早期建筑、明清古建筑群等一批重大文物保护工程;加强全国重点文物保护单位中石窟寺石刻、古村落古民居的现状调查、规划编制、维修保护和环境整治工作;加强历史文化名镇名村和少数民族地区重要文物保护单位的维修保护工作。规范遗产保护工程勘察、设计、施工、监理、验收的流程管理。

　　中央政府要提高新农村基本建设考古项目的审批效率。研究编制农村地区考古规划,完善考古技术标准。推行地下文物埋藏区认定公布制度,研究建立农村基本建设项目文物影响评估制度和考古项目监理制度。健全遗产考古机构,建设遗产和文物标本库房,配置出土文物现场保护设备;加强现代物探技术、数字化测绘技术在农村考古中的应用。

　　中央政府要做好农村地区世界文化遗产保护工作。健全保护管理法

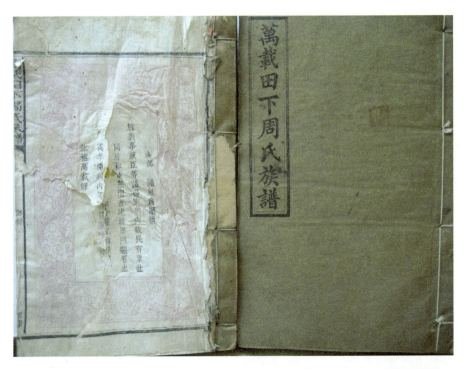

规,改革世界文化遗产保护管理体制,研究提升世界遗产保护管理的行政层级。完善监测巡视机制,建立定期发布监测报告制度。建立中国世界文化遗产保护监测中心,实现世界文化遗产保护的动态监控和信息化管理;实施世界文化遗产保护维修工程,加强世界文化遗产地工程管理。加强世界文化遗产地历史环境景观保护和建设控制地带划定工作。完善中国世界文化遗产预备名单动态管理制度;促进世界遗产地旅游业的可持续发展。

二、加强农村文物博物馆标准化建设

中央政府要推动农村文化遗产保护的法规建设,推动中国基本形成全面覆盖、协调配套、科学合理、实施有力的农村特色文物和遗产保护法律体系。推动制定《中华人民共和国不可移动文物和乡土建筑保护法规》,深入执行《中华人民共和国文物保护法》《文物保护法实施条例》《中华人民共和国水下文物保护管理条例》;发布实施《博物馆条例》。健全县级遗产和文物保护单位、地下文物、水下文物、馆藏文物、社会文物、文物安全、大遗址保护等法规制度。

未来几年,中国要基本建立面向应用、重点突出、科学规范、便于操作的农村遗产和文物保护标准体系。构建遗产保护技术标准体系框架,指导文物行业标准化工作。健全遗产和文物保护的技术标准、管理标准、工作标准和基础标准,推进文物保护技术实施和管理工作的制度化、规范化、科学化。各级政府要加强文物保护标准的宣传、实施和推广。

三、农村文化遗产执法督察和安全监管建设

中央政府要推动建立农村遗产督察制度,研究设立国家文物局直属区域性文物督察派出机构;制定遗产和文物行政执法机构建设标准,健全县级及县级以下文物行政执法机构。推行文物安全与执法巡查制度。建设以世界文化遗产、重大遗址、全国重点文物保护单位为重点的文物违法预警监管系统。

有关部门应建立"文化遗产和文物安全工作联席会议"制度,健全部门间联合执法长效机制,严厉打击乡村文物违法犯罪行为。健全农村文化遗产和文物安全责任制度,落实文物安全责任制,实行文物安全事故责任追究制度;建立农村文物安全评价体系,创建国家文物安全综合管理实验区和示范单位。完善农村文化遗产和文物安全检查工作机制,定期发布文物安全形势报告;加强农村文化遗产保护平安工程,开展农村博物馆风险单位安全防护设施达标建设,推广应用文物安全防护新设备、新技术和新工艺。

四、加强我国农村文化遗产保护人才队伍建设

各级政府要充分重视农村文化遗产保护队伍建设,进一步优化农村遗产和文物保护人才队伍,培养一批熟悉文化遗产工作、懂经营善管理的复合型人才;培养一批善于运用现代科技手段保护和利用文化遗产的科技型人才;培养一批熟悉和掌握传统工艺技术的专业型人才;培养一批历史文化知识丰富、具有世界眼光、熟悉外语的外向型人才。各级政府应注重培养遗产保护规划、文物保护工程、文物修复、水下考古、出水文物保护、文物鉴定、陈列展示设计、文化创意、国际交流合作等方面紧缺的专门人才。以提高专业水平和创新能力为重点,注重培养文物保护科学家、科技领军人才、工程技术专家和创新团队。注重培养文物保护农村一线青年人才。加快培养一支门类齐全、技艺精湛的农村遗产和文物修复人才队伍,以及职业化、专业化的文物博物馆公共文化服务人才队伍;稳步壮大农村地区文物保护员队伍和文物博物馆志愿者队伍。实施、建立文物保护修复执业资格制度;建立农村文物博物馆行业人才信息数据库;建立健全文物博物馆机构资质准入制度和文物博物馆专业人员资格准入制度。推进农村文保人员培训在内容上与文化遗产重大保护项目、重点工程、重点工作相衔接,与农村文物博物馆工作岗位职责相对接,增强培训的针对性、实用性和有效性。

五、我国农村文化遗产保护科学技术创新

未来几年,中国应基本形成以技术体系为核心、以制度体系为保障的农村文化遗产保护行业创新体系,重点突破制约遗产保护科技发展的瓶颈问题。组织实施以中华文明探源工程及相关文物保护关键技术研究、指南针计划——中国古代发明创造的价值挖掘与展示、遗产风险预控技术体系研究与示范、水下文化遗产保护关键技术研发、遗产保护传统工艺科学化研究、遗产保护修复专用装备研发为重点的重大科技专项。推进遗产和文物保护关键技术提升计划和文物保护基础研究推进计划。挖掘和抢救濒临失传的农村文物保护传统工艺和技术。健全农村博物馆科研组织体系,加强国家级文物保护科研机构、国家文物局重点科研基地、国家工程技术研究中心、国家重点实验室和国家文物分析检测中心建设。支持农村博物馆机构与社会科技力量共建科研联合体,建立一批文物保护技术专业创新联盟。

加强科学技术在农村文化遗产保护中的应用,应加强现代信息技术特别是物联网技术在农村文化遗产保护行业中的推广应用,提高文化遗产保护各领域信息化水平。各级文化遗产保护部门应建设农村遗产和文物资源基础数据库、文物预防性保护信息平台、遗产公共服务平台和文物安全监测平台,开发文物地理信息系统。建设文物保护、考古发掘、陈列展示、监测预警、安全防范、公共服务、动态管理与辅助决策的信息技术支持系统,推动农村文化遗产保护重要信息系统的互联互通、资源共享和业务协同。推进数字博物馆工程;加强文物信息的社会化服务和传播普及工作。

中央和地方各级政府有关机构应构建文物保护科技基础条件共享平台,建立农村遗产保护科技基础数据库(群)。促进农村地区遗产保护科技成果的转移扩散。加强农村遗产保护基础理论、发展战略和政策法规研究,推动遗产保护学科建设,为农村文化遗产保护事业的创新发展提供有效支撑。

第六章

农村文化遗产保护体制和法律机制创新

第一节　我国现行法律体系在文化遗产保护中存在的问题

一、法律实践中有法不依问题

我国现行的《文物保护法》共有八十条、一百三十款，涵盖了文物保护工作的各个方面，其他法律条文中也有许多对文物保护的规定。但是我国的文物保护工作还是出现了大量问题，部分地区文物盗窃猖獗，走私现象严重，一些不可移动文物被损毁，文物保护单位被挤占等。法律的预防、调整、强制和惩戒功能没有充分发挥，其主要原因就是有法不依。出现有法不依的根源在于公民的法律意识淡薄。

二、文化遗产的定义与标准问题

首先，《文物保护法》里没有文物的明确概念，公民对文物的内涵和外延缺乏明确的概念认识，《文物保护法》只是对受保护文物的范围做出了列举式的规定，如《中华人民共和国文物保护法》第一章第二条规定在中华人民共和国境内，下列文物受国家保护：

（1）具有历史、艺术、科学价值的古文化遗址、古墓葬、古建筑、石窟寺和石刻、壁画；

（2）与重大历史事件、革命运动或者著名人物有关的以及具有重要纪念意义、教育意义或者史料价值的近代现代重要史迹、实物、代表性建筑；

（3）历史上各时代珍贵的艺术品、工艺美术品；

（4）历史上各时代重要的文献资料以及具有历史、艺术、科学价值的手稿和图书资料等；

（5）反映历史上各时代、各民族社会制度、社会生产、社会生活的代表性实物。具有科学价值的古脊椎动物化石和古人类化石同文物一样受国家保护。

按此列举法原则提出的范围以内的算文物，但这只是对文物概念外延的列举而非文物的内涵。多年来，由于"文物"这一概念始终不明确，造成文物收藏、流通等领域乱象丛生。一方面，不法分子利用这一法律漏洞进行倒卖、走私文物等犯罪活动，造成文物大量流失；另一方面出现了个别执法者随意以"倒卖文物""走私文物"等罪名侵犯合法收藏者的权益。

《文物保护法》之外的地下出土的动植物化石等古生物遗存的科学价值如何界定，怎样断定其是否算文物？对于这些问题，法规中并没有明确规定。关于文物的级别划分标准问题，目前主要是基于该文物的存在数量和价值来进行考量的，但价值判断的具体标准在现行法律及其配套法律文件中均无明确规定。以《中华人民共和国文物保护法》第一章第三条为例，古文化遗址、古墓葬、古建筑、石窟寺、石刻、壁画、近代现代重要史迹和代表性建筑等不可移动文物，根据它们的历史、艺术、科学价值，可以分别确定为全国重点文物保护单位，省级文物保护单位，市、县级文物保护单位。

历史上各时代重要实物、艺术品、文献、手稿、图书资料、代表性实物等可移动文物，分为珍贵文物和一般文物；珍贵文物分为一级文物、二级文物、三级文物。

什么文物属于珍贵文物？文化部颁布的《文物藏品定级标准》规定"凡属于一、二级藏品的文物均为珍贵文物，三级藏品中需定为珍贵文物的，应经国家文物鉴定委员会确认"。而《文物保护法》规定"历史上各时代重要实物、艺术品、文献、手稿、图书资料、代表性实物等可移动文物，分为珍贵文物和一般文物；珍贵文物分为一级文物、二级文物、三级文物"。这表明《文物藏品定级标准》因与《文物保护法》的文物定级标准相抵触而失去效力。这就需要国务院文物行政主管部门重新对珍贵文物的认定标准及文物的定级标准做出具体规定。因为故意损毁文物罪、过失损毁文物罪、非法向外国人出售和赠送珍贵文物罪、失职造成珍贵文物损毁罪、流失罪等都涉及珍贵文物的界定问题，所以有关部门应尽快制定珍贵文物的认定标准以满足刑事司法实践的需要。

单位分级和文物分级问题，标准和级别很难断定。我们注意到，只有那些价值高的文物才得到保护，而那些近代的或者说存量比较多的文物往往

就会被忽视。对于相对缺乏价值的文物的周边环境及没有被列为保护对象而实际价值相当高的文物,保护力度不够。

在这种文物登记分类的体制下,有些地方、有些人主张拍卖博物馆馆藏的文物中的重复品和相对低等级的文物,以弥补博物馆经费不足的部分。而拍卖馆藏文物使文物流失,国有博物馆没有文物所有权,只有文物的管理和使用权,搞馆际之间的有偿转让或拍卖馆藏重复品,就会改变文物所有权的性质。我们一定要坚持保护前提下的开发,利用文物要进行科学研究,而保护好这些科研资料始终是第一位的。

三、文化遗产的所有权问题

根据《中华人民共和国文物保护法》第一章第五条规定:中华人民共和国境内地下、内水和领海中遗存的一切文物,属于国家所有;古文化遗址、古墓葬、石窟寺属于国家所有;国家指定保护的纪念建筑物、古建筑、石刻、壁画、近代现代代表性建筑等不可移动文物,除国家另有规定的以外,属于国家所有。问题是:首先遗存时间的界定,究竟什么时间之后发现的算是遗存的开始,比如是从中华人民共和国成立算起,还是从《文物保护法》出台算起?加之多数文物无法确定是出土文物还是祖传或购买来的,这会造成文物发现者藏匿文物,而不是将文物上交给文保部门。因为普通民众会认为既然文物属于国家,上交可能得不到应有的回报,从而导致文物在国内无法面世,这也为文物走私埋下了隐患。

另外,属国家所有的古墓葬如何定义?对于没有明确墓主后代的清代以前的墓,毫无疑问是古墓,社会各界对此无异议。但对于有明确所属的清代以前的墓葬属不属于古墓?属不属于国家所有?相关法律、法规并无明文确规定。

四、文化遗产保护中的经费问题

1949年以来,我国基本建设文物保护经费的来源是:国家支付(1982年前)→国家、基本建设单位分别支付(1982年后)→基建单位支付(2002年后)。1961年颁布的《文物保护管理暂行条例》第九条规定:"凡因建设工程关系而进行文物勘探、发掘、拆除、迁移等工作,应当纳入建设工程计划,所需经费和劳动力,由建设部门分别列入预算和劳动计划。"《条例》明确提出基本建设文物保护经费应由基本建设单位支付的规定,改变了以往基本建设文物保护经费由发掘团体自筹的规定,但实质上仍由国家承担。

1982年《文物保护法》在原基础上仅增加了"报上级计划部门解决"的内容,但经费来源却发生了实质性的变化。国家立项投资的基本建设涉及的文物保护经费由国家承担,但其他的私有经济和外资投资的基本建设的文物保护经费则由投资者承担,出现了基本建设文物保护经费由国家和其他投资者分别承担的局面。

2002年《文物保护法》第三十一条规定:"凡因进行基本建设和生产建设需要的考古调查、勘探、发掘,所需费用由建设单位列入工程预算。"明确了基本建设文物保护经费完全由基本建设单位承担,实现了基本建设文物保护经费由国家承担向基本建设单位承担的转变。如三峡工程、小浪底工程、南水北调工程等项目涉及的文物保护经费,都是由基建工程的项目法人负责支付的。以前由国家承担基本建设保护经费时期,遗产保护积极性较高,出现了1972年长沙马王堆汉墓、1974年陕西临潼秦始皇兵马俑安全保护遗产的范例。但随着建设项目文物保护经费由基建单位支付,暴露出建设和保护的矛盾,其关键就在于保护经费的支付方发生了改变。

不少基建单位认为:法律规定不合理,发现的文物既然归国家所有,自己就不应出这部分经费;既然出经费了,就应当像自己生产的产品一样归单位所有;认为占地范围内有可能有文物埋藏,也可能没有文物埋藏,不一定需要勘探;认为文物多数在地下,基本建设前列入预算的数额不好掌握;出现个别承担勘探、发掘、迁建的部门为降低成本支出少勘探、漏探的情况;另外收费管理部门对勘探、发掘是行政事业性收费还是经营性收费或是列入成本支出的解释较为模糊,也容易使建设方和文物部门产生矛盾。

近十几年来,因强行施工破坏遗产和文物的案件呈上升趋势,国家有关部门多次严厉查处仍难以遏制这种势头。更有甚者,政府为吸引外来投资,把文物保护排除在基本建设之外,从而导致大规模破坏文物的恶性事件发生。

五、文化遗产保护中的管理问题

目前,我国农村文化遗产保护中存在许多问题,如管理机构缺位、权威性不够、体制不顺等。

文化遗产保护管理机构缺位。在当前的机构改革中,一些文化遗产保护管理机构受到较大冲击。已经有一些地方考虑或已经撤销专门的文化遗产保护管理机构,如一些地区将文物局与旅游局合并,成立文物旅游局,往往只抓旅游不过问文物保护;或者将文物局合入旅游公司;有的地方甚至干脆取消了文物局。机构缺位不只存在于政府层面,在社会层面,一些农村基层文物保护组织解体,有些基层文物保护员在人民公社时期实行的是工分制,土地承包后,这些文保员自动脱离了保护组织。

文化遗产行政管理部门权威性不强。文物行政管理部门在管理中权威不强,与公安、工商、海关等部门的协调能力不强。如在基本建设、农业生产、考古发掘等活动中出土的文物,以及银行、冶炼厂、造纸厂和废旧物资回收部门所发现的文物,公安、海关和工商行政管理等执法部门依法没收的文物,均应移交文物行政管理部门接收、保管,任何单位或个人不得侵占。然而一些执法部门私自截留查获、收缴和没收的文物,造成文物流失和保护管理上的障碍和隐患,而文物保护管理机构对此无能为力。文物行政管理部门权威性不强还表现在一些地方政府根本不理睬国家文物部门对遗产保护的处理意见。

文化遗产管理体制不顺。在当前社会转型期,人们仍试图用行政管理的模式管理文物,管理体制僵化、迟滞、落后;另一种情形则是将原来由政府管理的行为改为企业管理,出现了文物行政管理部门与旅游、国土资源管理部门的冲突。体制不顺导致政府职能错乱、交叉、重叠,"政出多门"的现象造成了新的冲突。

第二节　积极推进文化遗产保护的法制建设

一、文化遗产保护法律体系的建立与立法现状

我国很早就有了自己的文物保护法律,早在 1950 年,中华人民共和国中央人民政府政务院颁布了禁止珍贵文物出口的管理办法;此后国务院也颁布了一些专门保护文物的办法。1961 年,国务院正式颁布了中华人民共和

国成立后的第一部综合性保护文物的行政法规《文物保护管理暂行条例》。此后，为了全面贯彻该管理条例，又制订并颁布了一些相关的规章。

改革开放以后，我国在文物保护方面加大了法制建设力度。1982年11月19日，全国人大常委会审议并通过了《中华人民共和国文物保护法》，这是文化领域的第一部法律，它进一步完善了我国文物保护的法律制度，标志着我国以文物保护为中心的历史文化遗产保护制度的形成。1991年，全国人大常委会对《中华人民共和国文物保护法》中的刑事处罚和行政处罚、追究行政责任或者刑事责任这两条进行了修改，为打击文物犯罪活动提供了更加有力的法律依据。后来随着我国在法制建设过程中出现的新情况和新问题，对《中华人民共和国文物保护法》又做了修改，使其更加完善。

为适应时代发展，更好地进行文物保护法制建设，2002年10月28日，全国人大常委会审议并通过了新的文物保护法。新法以"如何正确处理经济建设与文物保护的关系，如何正确处理文物保护与利用的关系"为主题，

重点放在把加大文物保护力度贯穿于文物保护的各个方面、进一步规范民间收藏文物的法律法规、进一步明确文物行政部门执法主体的地位等三个方面,在原有基础上对相关内容做了一次全面深入的修改。修改后主要包括以下几点内容:

第一,明确规定文物保护工作的基本方针,即"文物工作贯彻保护为主,抢救第一,合理利用,加强管理的方针"。它是指导我们正确认识和处理"文物保护和利用关系"的基本出发点和法律依据,弥补了法律没有规定文物工作的基本方针的缺陷。

第二,规范和保障文物保护的经费来源。改变了法律在文物保护的经费来源上,仅规定要列入中央和地方的财政预算,经常造成文物保护经费不足的现象。

第三,增加历史文化街区、村镇保护制度。将原有历史文化名城制度,扩展到具有重大价值的历史街区和村镇。

第四,完善不可移动文物保护制度,规定不可移动文物的修缮、保养责任。

第五,完善考古发掘制度。规定考古发掘的行政批准权由国家文物行政部门行使。考古发掘的文物,任何单位或个人不得侵占。

第六,完善馆藏文物管理制度,充分发挥馆藏文物的作用,加强宣传教育。扩大国有文物收藏单位的交流渠道,除了保留原法律体系中的"调拨"渠道外,新法增加了"交换和借用"的渠道。规定文物收藏单位的安全制度。

第七,完善民间文物收藏管理制度。对于合法正当的民间文物收藏活动,既鼓励支持,又严格规范,禁止买卖文物,建立文物拍卖管理制度。

第八,完善文物出入境管理制度。在文物的出境、入境、出境展览、临时入境和复出境等方面,都做了相应规定。

第九,完善法律责任方面的规定。新法在修订时针对原法律体系中法

律责任方面的规定相当薄弱的问题,增加了相应条款,加强了法律责任的规定。主要有:刑法对妨害文物管理罪的规定,行政处罚的具体行为,破坏历史文化的法律责任,工作人员的法律责任专项规定等。

从中华人民共和国成立初期的一些关于文物保护的专门性法律法规,到 2002 年新文物保护法的颁布,经过五十多年的努力,我国已经初步形成了文物保护法的法律体系。尤其是改革开放以来,我国先后颁布了文物保护专门法律 1 部、有文物保护内容的法律 10 部、规范性法律文件 3 项、行政法规 20 项、法规性文件 90 余项、部门规章 20 余项、部门规范性文件 110 余项、地方法规 130 余项、地方政府规章 20 余项、地方规范性文件 170 余项、军事行政规章 1 项。此外,还签署加入文化遗产保护国际公约 4 项。至此,我国制定发布的与文物保护和管理相关的法律、法规、规章以及规范性文件总数已经超过 600 项,现行有效的有 500 余项,涉及文物保护的专门法律、法规、规章和规范性文件超过 400 项。以《文物保护法》为基础,以《文物保护法实施条例》《水下文物保护管理条例》《长城保护条例》等法规为支撑,部门规章、地方法规、地方政府规章、各种规范性文件和行业标准规范为重要组成部分的文物保护法律法规体系已经初步建立起来,并且基本上覆盖了文化遗产保护领域各个重要方面。我国文物事业已经步入规范化、法制化的轨道并且正在迅速发展。

除了《文物保护法》中详尽规定的文物保护内容以外,其他法律也有涉及文物保护的条款。例如:《民族区域自治法》《森林法》《矿产资源法》《环境保护法》《城市规划法》和《军事设施保护法》等。它们与《中华人民共和国文物保护法》相配合,使文物保护工作更加有成效,更加缜密。我国文物保护法律体系已经建立起来,并逐步完善。

二、积极推进文化遗产保护的行政执法

法律的生命力在于实施。在不断构建和完善文物保护法律法规体系的同时,文物依法行政工作得到积极推进,行政立法不断完善,行政决策更加科学,行政执法取得明显成效,依法行政各项工作制度得到了较好的落实。

依法行政的法制环境和执法条件得到明显改善。《行政许可法》《行政处罚法》《行政复议法》和《公务员法》的颁布施行,文物保护法律法规体系的初步建立,为依法行政提供了法制保障。全社会文物保护意识和法治意识逐渐增强,为依法行政、开展行政执法工作创造了良好的社会环境。近年来,从中央到地方,都不断加强文物行政管理机构和文物行政执法机构建设,为推进依法行政提供了重要的组织保障。从 2003 年起,为全面推动文物行政监督和处罚工作,国家文物局成立执法督察处,并下发通知要求各地成立相应的机构。2005 年国家文物局设立政策法规司,专门负责研究起草文物管理的法律法规草案,监督指导文物行政执法和文物安全管理工作。截至目前,已有 21 个省、市、自治区成立了副厅级以上的文物局,并且有很多地、县级城市成立了文物局。全国各地已建立省级文物行政执法专兼职机

构30个。国家文物局还陆续为各省执法督察机构配发了行政执法督察专用车。各级政府还对这些机构的人员编制、经费预算和办公条件等方面做出了安排。

依法行政能力和行政管理水平日益提高。通过积极贯彻落实《行政许可法》和《文物保护法》等法律法规，各级文物行政部门依法行政的意识和能力有了很大提高，工作程序和工作内容也得到了进一步明确。《国家文物局工作规则》《国家文物局行政许可管理办法》和《国家文物局机关行政许可过错责任追究暂行办法》等数十项规范性文件的陆续出台，进一步提高了文物行政管理工作水平。《国家文物局突发事件应急工作管理办法》的实施，也使我国在建立健全预警和应急机制、应对突发事件和风险的能力方面得到了加强。《文物行政处罚程序暂行规定》的正式发布，为规范行政执法工作，落实执法岗位责任制提供了操作规程和行动指南。行政执法责任制是严格执法行为和加强执法监督的有力举措，随着配套制度的出台，行政执法行为得以规范，文物执法水平得以提高。

第三节　农村文化遗产保护法律体系的改革与创新战略

一、农村文化遗产保护激励机制改革

1. 鼓励上交新发现的物质文化遗产

根据我国《文物保护法》的规定，发现文物及时上报或者上交使文物得到保护的，将由国家给予"精神鼓励或者物质奖励"。这种奖励只是"名义上"或者"象征性"的。韩国法律规定，发现文物必须上报有关权力机关；对发现者的补偿视文物发现地的权属而定。如果发现地属国有土地，则发现人获得文物价值一半的补偿数额；如果土地属私人财产，则土地所有人和发

现人各得文物价值一半的补偿额。有人认为,"政府给予发现人较高的价格补偿是阻止走私和非法交易的最好方法。"中国也应通过激励机制向文物的善意发现者支付合理的现金补偿,杜绝黑市交易和非法收益。还应充分发挥社会力量,多方筹措遗产和文物保护资金。对积极上交文物者还应通过媒体大力宣传,物质奖励和精神奖励并行。

2. 税收激励机制

自 2002 年 6 月 25 日起,由国务院文物管理部门和国有文物收藏单位以接管境外机构、个人捐赠、归还和从境外追索方式获得的进口中国文物,免征关税及进口环节增值税、消费税。这一规定为促进境外的中国文物回流起到了积极作用,但是该办法并不适用于民间收藏机构。另据《中华人民共和国公益事业捐赠法》,公司和其他企业、自然人和个体工商户捐赠财产用于公益事业,依照法律、行政法规的规定,企业享受所得税方面的优惠。这一规定也仅适用于个人、法人和组织的捐赠。目前还没有国家鼓励个人将文物转让给国有收藏机构的其他税收激励机制。为丰富公众特别是收藏爱好者的精神文化需求,同时为使个人博物馆成为国有收藏机构的有益补充,应通过经济杠杆如减免税收等措施激励个人博物馆向公众提供优质的服务甚至免费开放。

另外,为进一步鼓励流失海外的中国文物艺术品回流,促进其他国家的文物艺术品进入中国市场,国家应降低艺术品进口的关税。艺术品进口关税税率从已由 30% 降到 12%。但实际情况是,由于关税、进口环节增值税、消费税等多种税费的累积,艺术品进口的综合税率最终已经超过 30%。目前大多数国家,尤其是经济发达和文化发达国家均采取了低关税,甚至是零关税的措施来鼓励艺术品的引入。因此,作者建议降低艺术品进口关税,最理想的是实行零关税,可以逐年递减;对于从香港、澳门地区进口的艺术品实行零关税制度;对海外回流的艺术品免征关税、进口环节增值税,对于购买海外回流艺术品的机构和个人免除各种消费税等。降低艺术品进口关税,有利于引进更多的国外优秀艺术品,有利于海外中国文物和艺术品的回流。

二、进行文化遗产保护经费制度的改革

《文物保护法》第三十一条的规定尚未设定违反法律规定应当承担的法律责任和处罚标准,而且该规范规定的基本建设文物保护经费在时间上也相对滞后,针对这两方面内容,作者建议应采取如下举措:

第一,《文物保护法》应规定文物调查、勘探、发掘及迁建应在基建项目用地前进行,没有文物部门出具的基建占地范围无文物埋藏的证明书,计划部门不予立项、土地部门不办理征地手续、建设管理部门不发放施工许可证,只有从立法层面补充这些内容,才能从源头上增强基建单位执行《文物保护法》的自觉性,彻底制止由基本建设带来的破坏文物事件的发生。

第二,加大处罚力度。对不执行《文物保护法》关于调查、勘探、发掘、迁建的有关规定而造成破坏文物后果的,要增加应承担的法律责任和处罚条款,如此可使《文物保护法》既有对基建单位设定的法律义务,又有违反这一规定应当承担的法律责任,进而达到增强可操作性的良好效果。

第三,加大对基本建设文物保护经费的投入。国际《考古遗产保护与管理宪章》第三章立法与经济指出:"考古遗产为全人类所共有,因此每个国家有义务保证拨出足够的资金来用于考古遗产的保护。"因此,国家财政也应当加大对基本建设文物保护经费的投入。大幅度增加文物保护经费,并建立稳定的文物保护经费增长机制,从而使各级文物部门有能力将本行政区域内文物特别是地下文物普查清楚、公布于众,避免基建单位选址在地下文物丰富的地段,继而负担沉重的文物保护经费。对配合保护基本建设过程中发现的重要文物者进行经费补助,尽量减轻基建单位的负担,从而缓解基本建设与文物保护的矛盾。

根据《文物保护法》第十条第四款"国家鼓励通过捐赠等方式设立文物保护社会基金,专门用于文物保护,任何单位或者个人不得侵占、挪用"的规定,建立各级文物保护基金,所筹基金除用于各级文物保护单位的维修、加固外,应适时对基本建设文物保护经费进行补充。可以发行文物彩票,将收入的一定比例用于文物保护事业。可以参照意大利等国做法,个人可以指定其缴纳的所得税特别用于文物保护事业,实现个人对社会公益事业的纳税志愿;并进一步明确对各级文物保护单位及发掘项目的捐赠可以抵税,使社会各界对文物事业的捐赠向常态化和规范化方向发展,从而为文物事业的发展提供稳定的经济来源。

三、进行文化遗产保护的税费制度改革

第一阶段,按照投资额的百分比向基建单位开征文化遗产保护税,最终实现由费改税。

第二阶段,降低文化遗产保护税的缴纳比例。调查费可结合一、二、三

次全国文物普查的办法由政府提供；由于勘探在发现文物的同时，兼具发现地道、枯井、窖穴等对文物保护不利的地质现象的功能，因此发掘及迁建费应按照国际通行惯例由各级财政、基金会等共同承担，最终实现以国家保护为主，全社会包括基建单位共同承担经费的格局。

第三阶段，在我国经济发展到一定高度时，基建单位所交的调查、勘探、发掘及迁建等费用可抵税款。

第四阶段，按照国际惯例，国家全额直接支付基本建设项目所需的各项文物保护费用。

四、以体制创新妥善处理建设与保护的关系

要想真正解决新农村建设中农村开发过程中的文化遗产保护问题，就要制定一套以法律为基础，包含财政、行政措施、保护和抢救程序、处罚、修缮、奖励、咨询、教育计划的一整套行之有效的体制创新方案。

1. 立法

法律是保护农村文化遗产的根本保证。现阶段，中国还没有一部保护农村文化遗产的全国性的法律法规,农村文化遗产的保护在开发、拆迁的大势下显得苍白无力,相关法律的制定刻不容缓,法律的制定为农村文化遗产的保护或抢救提供了所需的保证。

2. 财政

法律是文化遗产保护的保证,但真正实现文化遗产的保护需要有财政支持。因此,各级政府部门应保证有足够的预算用于保护或抢救工程开发和新农村建设过程中濒危或新发现的文化遗产。尽管法律制度和传统的差异以及财力的不同有碍于全国采取统一措施,但至少应做到以下几点:

第一,负责保护文化遗产的中央或地方政府应有足够的预算对商业性工程开发和新农村建设过程中濒危或新发现的文化遗产进行保护或抢救。如由于所需工程巨大并且复杂而引起的特殊开支,应通过立法、特别补助、国家古迹资金或其他适当途径得到额外资金。负责保护文化遗产的行政部门,应被授权管理或使用专项资金,用来保护或抢救工程开发或新农村建设过程中濒危或新发现的文化遗产。

第二,鼓励重要的历史或艺术建筑(包括构成传统建筑群部分的建筑)所有者,或乡村建筑区内具有历史意义的街区的居民参与文化遗产保护,并给予优惠性的政策支持。

第三,税率优惠。通过适当的立法编制一项预算,以赠款、贷款或其他方式帮助农村相关团体和具有艺术、考古、科学或历史重要性建筑(包括传统建筑群)的私人所有者维护这些建筑或使之适应当代社会所需。如果文化遗产尚未被列入目录或已得到保护,其所有者应有权向有关部门提出相关诉求。

中央或地方政府以及私人所有者在为保护工程开发或新农村建设过程中濒危或新发现的文化遗产编制预算时,应考虑到文化遗产的内在价值及其因对游客的吸引力而可能产生的经济收益。

3. 行政措施

相关政府机构,应承担保护或抢救受到工程开发或新农村建设过程中濒危或新发现的文化遗产的责任,应明确相关政府机构保护文化遗产免受危害的责任。

各级政府应设立协调或咨询机构,由负责保护文化遗产、负责公共和私人工程、负责城市规划部门的代表以及研究和教育机构的代表组成。这些代表可以就工程开发或新农村建设的需求与保护抢救文化财产之间的利益冲突等问题提出建议。

地方各级政府也应设有负责保护和抢救受到工程开发或新农村建设影响的文化遗产的行政部门。这些行政部门应能根据自己的职能和需要,请求国家行政部门或其他有关机构的帮助。

负责保护文化遗产的行政部门应配备足够的专家,如建筑师、城市规划师、考古学家、历史学家、督导员以及其他专家和技师。

应采取行政措施,对负责保护文化遗产的各个行政部门和其他负责关于农村公共和私人工程的行政部门以及凡其职责涉及保护或抢救的文化遗产的任何其他机构或行政部门之间的工作进行协调。应采取行政措施,在需要保护的已列入或未列入目录的历史居住区、遗址和古迹的所有社区内设立一个负责城市发展规划的主管部门或委员会。

凡涉及认为具有文化价值或可能存在重要考古和历史文化遗产的地区进行的建设项目,在其初步勘查阶段,应准备几个地区或市一级的不同的工程方案,然后再做出相关决定。应在全面比较分析的基础上对这些方案进行选择,以便能够采取既经济又能保护或抢救文化遗产的最佳解决方案。

4. 保护和抢救文化遗产的程序

在进行任何可能危及文化遗产安全的工程开发之前,应进行充分的勘察以确定就地保护所要采取的措施,抢救行动包括的主要工作有:选择需要发掘的考古遗址、需要迁移的建筑以及需要抢救的可移动文化遗产等。

对于重要的考古或文化地区,如历史城镇、村庄、遗址或街区,都应根据当地情况立法进行保护,在这些地区兴建新工程应以进行初步考古发掘为先决条件,以确保采取充分的保护或抢救有关文化遗产的措施。

可能受到危害的重要考古遗址、特别是难以确认的史前遗址、城乡地区的历史居住区、传统建筑群、早期文化的民族建筑以及其他不可移动的文化遗产,应通过划分区域或列入目录予以保护。

5. 处罚

对于破坏文化遗产的行为,必须有相应的惩罚措施,以确保根据各自刑法典严厉惩罚那些故意或过失犯罪。这些刑罚应包括罚款、监禁等。此外,还可以采取以下措施:

(1)如有可能,由对损坏遗址或建筑负有责任者出资进行修复。

(2)如属偶然的考古发现,当不可移动文化遗产遭到损害、毁坏后,应向国家交纳损害赔偿费;当可移动物品被藏匿时,应无偿予以没收。

6. 修缮文化遗产的自然老化也是不可避免的

政府相关部门应采取必要措施以确保对文化遗产的修缮、修复或重建。要求地方和重要文化遗产的私人所有者进行修缮或修复,如有必要,可给予技术和财政援助。

7. 奖励

为调动广大群众积极参与文化遗产保护,政府应鼓励个人、协会及村民委员会,参加保护或抢救受到危害的文化遗产的计划。其措施应包括:(1)对举报或交出藏匿的考古发现物的个人给予优厚的报酬。(2)对为保护或抢救受危害的文化遗产做出突出贡献的个人及他们隶属的政府行政部门、协会、社会机构等授予证书、奖章或给予其他奖励。

第四节　改革物质文化遗产回流制度

一、建立墓葬保护体系

近年来,中国文物保护的立法进程不断加快。但中国目前的古墓保护相关法律法规的立法工作却明显滞后。目前主要的文物保护法律法规,如《公安部、国家文物局关于严厉打击盗掘古墓葬犯罪活动的意见》《最高人民法院最高人民检察院关于办理盗窃、盗掘、非法经营和走私文物的案件具体应用法律的若干问题的解释》《中华人民共和国考古涉外工作管理办法》等均是 20 世纪 80 年代末 90 年代初制定的,与近年来我国新颁布的相关法律法规衔接度不高,已经不能够满足当前文物保护的要求。

从《刑法》的内容来看,关于古墓保护的规定不可谓不严,量刑不可谓不重,但都是事后惩处,犯罪类型也多是结果犯。《文物保护法》对文物保护的法律责任规定得较为详细,但也多是文物、古墓等遭到破坏后的责任。而对于不符合文物保护安全管理制度的行为包括不符合古墓保护要求的行为,处罚较轻。如《文物保护法》第七十条规定:"文物收藏单位未按照国家有关规定配备防火、防盗、防自然损坏的设施尚不构成犯罪的,由县级以上人民政府文物主管部门责令改正,可以并处二万元以下的罚款。"

另一方面,中国目前在国家立法层级上还没有单独的古墓保护法律法规。而文物保护的相关法律法规的内容政策性表述较多,很多要求并不具体,使文物管理工作开展较为困难,古墓保护的形势亟须颁布单独的古墓保护法律法规。

现阶段文物保护方面投入严重不足,特别是农村文化遗产分布众多增加了保护的难度,一些地区受经济等条件限制,资金与人员的投入明显不

足。如内蒙古巴林右旗的土地面积是 1 万平方公里,有古遗址、古墓葬 500
余处,其中古墓葬 200 多处,仅一个辽代皇家陵墓庆陵就占地 52 平方公里。
如河南淅川尚有大量未发掘古墓,均处在无保护的状态。同时,在文物保护
人员与文物犯罪分子的较量中,文物保护人员所运用的技术手段始终处于
下风。目前盗掘古墓犯罪往往具有国际犯罪背景,实施犯罪时一般是集团
化,装备有精良的交通工具、通信工具、盗窃工具和野外作案的生活用具。
这些盗墓者利用现代化的金属探测仪和传统的洛阳铲相结合,采用爆破或
挖掘的手段,进行盗掘。

有关部门要建立健全文物保护单位人防系统,建立健全三级文化遗产
和文物保护网,调动墓葬周边农民的保护积极性,把田野文物安全、古墓葬
安全保护纳入农村综治工作职责范围,正确处理文物保护中的职责,对文物
保护当中出现的问题实行层层问责制。对于古墓葬的保护来说,有了真正
的防范和保护措施才是最重要的。

有关部门要加大保护古墓葬的科技投入,建立起古墓葬的科技保护防
范设施体系,文物保护专家李晓东曾研究出"地震原理设备",安放在河南虢
国墓地,效果理想;后又在全国重点文保单位湖北荆门楚国古墓群做实验,
起到很好的保护作用。巩义县采用声控设施,效果良好。

二、规范物质文化遗产的收藏和拍卖

我国的《文物保护法》专门规定了民间收藏、流通文物的规范,但由于
《文物保护法》是规范文物行为的法律总称,对文物收藏规定不详尽。因此,
有必要尽快出台《文物收藏法》,建立民间文物收藏鉴定、登记和转让制度,
规定只有进行过鉴定、登记的文物才能进入流通领域进行合法交易。从国
际上看,大部分国家特别是文物资源丰富的国家,为了保护本国的文化遗产
以及维护文物市场和民间收藏的正常秩序,都对文物的买卖和收藏实行鉴
定、登记和转让制度。

根据《文物保护法》的规定,拍卖企业拍卖文物,未按照国家有关规定做出记录或者未将所做记录报文物行政部门备案的,由县级以上人民政府文物主管部门"责令改正",这远远不能对未做记录或做虚假记录的拍卖企业起到震慑作用,完全有可能使非法来源文物通过拍卖"漂白"了身份。尽管法律要求文物行政主管部门应当加强对经营文物拍卖的拍卖企业的监督检查,但在文物拍卖市场的监管问题上,尚存在不健全的地方,使得国家对文物拍卖的管理从标的来源到拍卖的全过程缺乏有效的监管,以致某些拍卖企业在具体业务中违规经营、超限经营、暗箱操作等问题比较严重。

规范文物拍卖对形成健康有序的文物流通秩序和文物市场、促进文物的保护和管理工作具有极为重要的意义。因此,必须严格规范文物拍卖许可证制度和专业人员资格考核制度;为保护古遗址、古墓葬等不受破坏,国家应对经营第一类文物从严控制;在拍卖企业申领许可证后,可暂批准其经营第二、三类文物;另外,应对取得文物拍卖许可证的拍卖企业和取得文物拍卖专业人员资格证书的人员进行年审,如果发现违规现象,文物部门应吊销其文物拍卖资格。

此外,还要完善文物拍卖鉴定制度。文物拍卖的核心是鉴定。一些拍卖业内人士建议,由拍卖协会出面,设立民间的、非营利的专业机构,定期对拍卖公司进行公正、客观地评估,定期对社会公布。重要拍品的鉴定,可以直接由非营利的专业机构完成。进一步加强文物拍卖行业自律,尽快建立一套由买家、卖家、拍卖公司和鉴定人员共同遵守的职业道德信誉机制。

三、实施开明的物质文化遗产出口管理政策

解决文物走私的问题,需要尽快健全的文物进出口政策,尽管《文物保护法》从法律上明确承认了文物的私人所有权和中国文物市场存在的必要性,但这并不意味着国内外市场对中国文物的需求就因此可以得到满足。根据现行法律,进入市场流通,可以交换和转让的只能是传世的文物,出土文物和馆藏文物是不能买卖的;而且《文物保护法》规定的"交换"是物与物之间的交换,不是买卖行为;"依法转让"指的是有偿转让,公民可以将其收藏的文物卖给文物商店或国有文物收藏单位,还可以到具有拍卖文物资格的文物拍卖企业委托拍卖,不能私下转让。建议应允许公民个人收藏的文物在公民之间进行流通,改变现在的拍卖合法、市场交易合法而民间买卖和私下交易违法的规定。一般文物的流通,只要其来源合法,且不是以走私或其他非法形式进行交易的都不应被禁止。有意见认为应尽快开放国内文物市场以遏制文物走私,减轻文物保护重负,同时也可以增加财政收入。20世纪90年代以来中国文物管理领域最重要的进展之一,就是国家逐步放宽了实行多年的严格的文物交易政策。从世界范围来看,文物需求旺盛的国家一直坚持认为,文物资源丰富的来源国的出口立法应允许文物国际交流和租借,也应在一定的范围内允许将不太重要或重复多余的文物投放市场。

一旦合法市场需求得到满足,也就切断了非法贩运的获利来源。

四、改革我国物质文化遗产回流制度

我国 1999 年 6 月颁布的《中华人民共和国公益事业捐赠法》,将博物馆、纪念馆、文物保护单位机构接受的社会捐赠定为公益性捐赠,但国家同时又规定内资企业只有向 12 家非营利机构的社会公益事业捐赠,才允许在税前的应纳税所得额中全额扣除,而这 12 家机构中不包含任何一家文物、博物馆机构,这无异于给原本就不太平坦的国内文物捐赠之路又增添了一道障碍。也是目前我国文物、博物馆类非营利机构募捐水平低下、社会捐赠能力弱化的症结所在。为使文物回流更加顺畅,机制更加完善,建议财政部、税务总局、海关放宽用于公益文化事业捐赠的所得税优惠幅度,鼓励和引导社会资金投入。

文化遗产保护应实施更加切实的减免税政策。在即将开征的遗产继承税中,向文物、博物馆机构捐赠文物者,其所捐文物不计入遗产继承所得,并可抵免相应金额的遗产继承税。文物、博物馆机构从境外抢救性收购文物或接受境外捐赠文物、物资、款项,入关时免征关税、进口环节的增值税和消费税等。

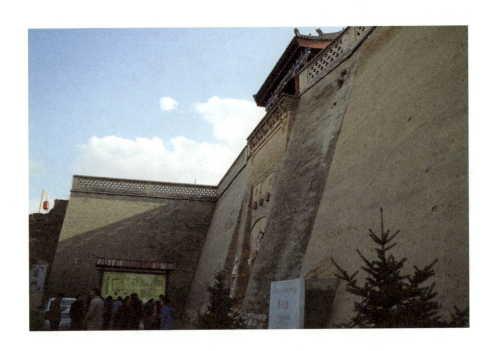

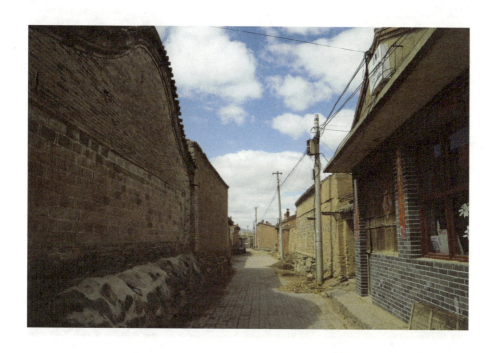

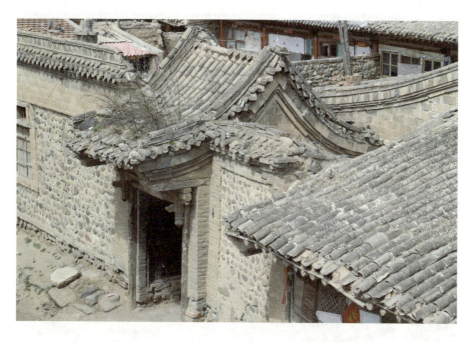

第七章

科技创新支撑农村文化遗产保护发展

第一节　开展农村文化遗产保护科技支撑战略研究

一、加强文化遗产保护的基础理论和学科建设

通过对适用于农村的文化遗产保护基本理论与方法的研究,初步建立跨学科的文物保护理论框架体系。针对农村文化遗产保护学科的范畴、内涵、特征、理论体系和研究方法开展系统研究,依据学科发展规律,剖析学科重点领域和凝练学科方向,提出文化遗产保护学科建设的战略布局和架构以及发展规划。

二、建立适用于农村文化遗产保护技术路线图研究

针对我国农村文物保护技术研究缺乏前瞻性、技术研发被动和各类高新技术进入缓慢的状况,通过对文物保护需求的系统分析和技术预见,识别行业所需的关键技术、共性技术,以及与其他行业的技术差异,研究长期支持行业科技发展的政策制定、关键项目选择、技术发展导向、社会资源参与的文物保护技术路线图,确定文物保护科技长远发展的重点领域和优先主题,规划中国特色的文物保护科技发展路径。

三、开展农村文化遗产保护科技贡献率研究

我国遗产保护的科技投入相对不足,对于科技对文物保护的推动作用缺乏充分认识,从而影响我国文物、博物馆事业整体发展的状况。有关部门应开展遗产保护科技贡献率研究,从宏观上研究科技、资金和劳动力三大因素投入与保护发展的关系,客观反映科技进步对遗产保护的贡献作用;以科技在我国文物、博物馆事业中的贡献为重要参考依据,指导我国未来文物保护科技投入、科研结构调整和管理政策制定等宏观决策。

第二节 实施农村文化遗产保护关键技术提升计划

一、实施可移动文化遗产保护关键技术提升计划

开展针对农村环境的可移动文物无损或微损检测技术和应用规范研究;开展金属文物深层有害锈转化关键技术研究,研发新型环保的缓蚀、加固和封护材料;开展脆弱陶质文物快速脱盐及加固材料与工艺研究;针对脆弱纺织品和纸质文物污染、粉化、褪色等病害,开展生物技术清洗、接枝加固和显微修复关键技术及材料研究;针对竹木漆器干缩、变形、漆层开裂脱落等病害,开展木质纤维微结构修复、整器加固定型和漆层回贴加固关键技术和工艺研究;针对骨角质文物酥松、脆化等主要病害,开展生物技术修复和加固关键技术研究;开展近现代文物病害专题调研和保护修复技术适用性研究;在已有关键技术成果的基础上,开展保护修复技术规范化研究,实施科技示范工程。

二、实施不可移动文化遗产保护关键技术提升计划

有关文保部门要针对在农村的古建筑、石质文物、土遗址、壁画等不可移动遗产,重点开展文物保护工程前期勘察的适宜技术研究,建立勘察的成

套技术体系;在古代木结构建筑安全稳定性评价关键技术及专有装备方面实现突破,建立木结构建筑安全监测技术系统解决方案;开展砂岩类石质文物表面风化程度无损检测技术、保护材料和修复工艺等关键技术研发,解决砂岩类石质文物保护的关键问题;开展石窟寺危岩体加固效果评价的关键技术研究与示范工作;开展饱和土和非饱和土遗址保护综合技术研究,研发针对土遗址坍塌、开裂、遗址表面风化等病害的专有集成技术;开展墓葬壁画环境控制、霉菌防治、地仗及颜料层保护材料和工艺关键技术研究工作;开展遗址博物馆生物病害防治关键技术的研究工作,开展激光清洗技术在石质文物、烟熏壁画和历史建筑等方面的应用研究;针对不可移动文物保护和修复的共性和关键科学问题,建立多场耦合模拟实验场。

通过砂岩类石质文物表面风化程度无损检测技术在云冈石窟保护中的运用,云冈石窟得到了很好的保护。云冈石窟是佛教东传历史轨迹的印记与见证,它体现了佛教造像在中国民族化和世俗化的过程,是石窟寺艺术"中国化"的开始,是极为宝贵的历史文化遗产。在各种自然与人为因素的影响下,石窟寺及其雕像受复杂多样的病害影响十分严重,特别是不同发育程度及相互交切贯通的岩体裂隙,不仅为其他病害的形成和加剧创造了条件,又直接影响石质文物的完整性与稳定性,在通过无损检测充分探查石窟岩体表层裂隙病害及分布特征的基础上,开展云冈石窟保护研究与修复加固工作具有重要的现实意义。通过室内模拟采用超声波法和探地雷达对规则简单的单一裂隙模型深度及宽度指标进行定性分析和定量计算;根据有限差分法应用 Res2dmod(电法正演)模拟软件对建立的不同尺寸裂隙模型进行正演模拟;通过模型测试与正演模拟了解不同尺寸裂隙在不同地球物理场中的异常特征和分布规律。在室内模拟的基础上,以地球物理方法为主,结合其他无损检测方法对北京军庄砂岩露头的表层裂隙进行综合检测与研究,完成不同裂隙指标的定性与定量分析。以军庄砂岩裂隙检测为指

导,根据测试条件在云冈石窟选择不同发育特征及规模的表层裂隙进行相同方法的综合检测;根据测试结果定性分析裂隙异常特征及规律,定量分析裂隙宽度、深度等指标;以试验为目的,采用超声波法、电阻率微测深法和探地雷达检测灌浆裂隙,通过对比分析异常差异评价加固效果。从不同角度对各种无损检测方法进行客观分析与评价,超声波法在检测裂隙和灌浆效果方面具有明显优势,其异常变化幅度与裂隙深度有关;电阻率微测深法受接地电阻影响存在较大测量误差,反演结果不能反映裂隙异常;探地雷达可定性反映裂隙呈双曲线异常,反射信号强弱与裂隙宽度有关;快速测量能方便快捷的定量完成裂隙几何参数测定;相比而言近景摄影法通过图像处理不仅可以自动统计几何参数进行裂隙重建,还可结合深度实现裂隙三维描述,是极具潜力的无损检测方法。在对无损检测技术方法进行科学分类的基础上,初步建立检测方案与方法体系,为石质文物表层裂隙检测及灌浆效果评价提供技术依据。

三、开展考古应急保护关键技术提升计划

有关部门要系统开展农村考古调查发掘、现场应急保护和实验室分析等关键技术研究,重点开展低空遥感技术在农村考古遗址识别中的应用研究;开展磁法、电法以及雷达探测技术在地下遗迹遗存预探测中的集成应用研究;建立基于 GIS(地理信息系统)技术的考古发掘信息记录系统;加强考古工作数理统计方法研究;系统开展脆弱出土文物微环境控制封存、可逆性加固材料和技术、现场防霉技术以及新型整体文物包装材料和技术等研究;开展现场快速分析检测技术对出土文物与埋藏环境的分析研究;开展测年技术、同位素技术、DNA 技术、显微技术等实验室考古应用研究,建立相关规范和技术标准。

四、实施农村博物馆科技提升计划

有关部门要通过博物馆建设工艺设计、陈列展览新技术应用、数字博物

馆建设、数据库平台建设,整体提升农村博物馆的科技含量。重点加强博物馆低碳运营工艺的设计规范研究,以及智能博物馆关键技术标准和集成技术研究与示范;以全面提升博物馆陈列展览文化与艺术表现能力为目标,研究适合于博物馆陈列展览需要的现代声光电技术、虚拟现实、人机交互、知识工程和新媒体技术等现代技术应用的体系理论和方法,开展博物馆陈列展览适宜技术支撑体系研究;通过我国数字博物馆框架体系和关键技术研究,建立基于物联网的"中国数字博物馆工程"软硬件支撑平台、实施模式和技术标准,运用人工智能和知识库技术,整合、制作加工博物馆数据资源,构建农村博物馆交流网络平台与信息管理平台。

五、实施水下文化遗产保护关键技术研发

有关部门要开展海洋和内湖河流文化遗产调查、探测、定位的关键技术与相关设备研发;开展混浊水域水下文化遗产考古调查的关键技术与相关设备研发;开展出水陶瓷器、石质文物、金属文物、木船构件及整船等保存及保护技术研究;利用空间技术建立海洋文化遗产调查和监测信息平台,提高我国在该领域的技术集成创新能力和水平。

六、加强遗产保护修复专用装备研发

有关部门要针对农村考古发掘、不可移动文物保护、馆藏文物保护修复专用装备缺乏、适用性差、集成度低等问题,重点开展智能探测设备、现场文物保护快速检测分析仪器设备、脆弱文物应急保护、提取及保存装置的研发;开展基于空间技术的大遗址专用监测系统装置、基于传感技术的古建筑专用监测系统装置、土遗址加固成套装备的研发;开展馆藏文物专用清洗和加固装置、专用修复设备与成套工具、环保熏蒸装置、保存环境监测与调控装置等研发;初步构建文物保护、修复技术装备体系。

第三节　实施农村文化遗产保护基础研究推进计划

一、加强可移动文物遗产劣化机理研究

针对我国农村馆藏文物劣化机理研究薄弱制约保护技术进步的现状，有关部门要重点开展馆藏金属文物、陶质彩绘文物、壁画、纸质文物、骨角质文物、纺织品和竹木漆器的材质劣化影响因素、劣化过程和腐蚀产物的研究，以及检测与分析新技术、新方法的研究，科学揭示文物劣化过程的物理和化学原理，为文物保护和修复提供理论依据。

二、开展遗产保护材料作用机制与保护效果评价

有关部门要针对文物保护材料应用和评价方面基础薄弱的状况，依据材料特性和应用功能，开展保护材料分类方法和分类体系研究。重点针对金属文物、纸质文物、壁画、彩塑文物、纺织品、竹木漆器、石质文物和土遗址，采用材料科学、现代分析测试和模拟试验技术，开展保护材料主要评价指标研究，保护材料应用的理化特征、力学行为、作用机制和后效评价方法研究；制定保护材料应用效果的评价标准和规范；建立文物保护修复材料应用数据库，构建文物保护材料应用效果评价体系。提高文物保护修复材料应用的有效性和安全性。

三、开展不可移动文化遗产结构稳定性评价方法研究

有关部门要针对不可移动文物在自然环境下因材质劣化导致的力学性能降低、结构失衡及濒临危险等状况，以建立不可移动文物的结构稳定性评价方法为研究目标，运用现代无损检测技术、结构稳定性综合监测技术、测绘技术和分析技术，针对木构建筑、土遗址、石质文物、壁画和彩塑等不可移动文物，重点开展影响结构稳定性的常见因素与机理，以及结构整体安全稳

定状态的变化与损毁规律,结构稳定性诊断评价方法等内容的研究。在此基础上,提出适合我国国情的集检测、监测、评价于一体的不可移动文物结构稳定性评价标准化成套技术,为提高不可移动文物保护的风险预见和预防性保护能力提供科学有效的技术支撑。

四、开展文物风险预控技术体系研究与示范工作

有关部门要系统开展农村遗产和文物自然劣化、突发灾害、人为破坏等风险因素的识别、分级、预测、评估和处理研究,建立文物风险预控的理论及方法体系。研发馆藏文物微环境高效调控技术及博物馆环境监测系统解决方案,初步建立农村博物馆环境质量评估、监测和调控技术支撑体系。应用空间信息技术、图像分析技术、环境监测技术、物联网技术、海量数据存储与分析技术等,建立农村基础地理数据库、环境监测数据库、遗产状态数据库、图像存储信息库、安全防范数据库等,形成遗产预防性保护及辅助决策的技术支撑体系、标准规范体系和信息管理系统平台。针对农村文化遗产地、博物馆等领域的文物保护特点,有计划地开展科技示范,提高文物保护管理的信息监测、动态管理与辅助决策支持能力。

五、加强农村文物保护传统工艺科学化研究

有关部门要系统调查整理我国农村古建筑木作、砖石瓦作、油饰彩画等传统工艺的历史与现状,建立传承谱系;围绕青铜器、陶瓷器、纺织品、漆器修复及书画装裱等传统工艺,揭示材料组成与性能、专用装备与工具、工艺流程与技法的科学原理;改良传统文物保护修复材料、工具和工艺,建立现代科技与传统工艺结合的文物保护方法,提高保护的安全性、可靠性和科学性。

第八章

促进我国农村文化遗产保护科学发展的政策建议

　　文化遗产是人类劳动和实践的成果,其中的物质文化遗产是前人在过去长期的社会实践中形成的物质文明和精神文明的杰作,是与人类实践紧密联系的自然遗存,其本质是人类探索、改造客观世界,体现自身本质力量的历史客体和传统文化的载体,具有历史的真实性、风貌的完整性、遗迹的可读性和传统的延续性等特征。

　　现阶段是我国农村文化遗产保护事业取得决定性发展时期。因此,在我们已知我国农村文化遗产保护发展水平,并确定政策支持方向的前提下,构筑科学的、较为完备的政策支持体系是撬动遗产保护事业大发展的利器。制定政策的根本原则就是:创新、创新、再创新。

第一节　增强保护意识与提升创新理念

一、增强农村文化遗产保护的宣传教育意识

　　各级政府要在深入开展社会主义新农村和城镇建设中保护文化遗产的宣传教育工作,增强各级政府保护文化遗产的意识;要从对国家和历史负责的角度,从维护国家文化安全的高度,充分认识保护乡土文化遗产的重要

性,进一步增强保护的责任感和紧迫感,并针对各地实际情况制定相应政策或采取必要措施。

深化农村社会有关文化遗产保护的法制宣传,增强依法保护意识。农村文物行政部门坚持把宣传普及法律知识与依法行政相结合、与文物保护重点工作相结合,注重在查处纠正文物违法案件和表彰奖励文物保护先进事迹的同时,利用多种形式对党政领导干部、文物工作者和人民群众进行宣传教育,通过各种媒体,利用"法制宣传日""文化遗产日""国际古迹遗址日""国际博物馆日"等,大力开展文物法制宣传和文物保护常识普及活动,为文物保护事业科学发展营造良好的社会氛围。引导、鼓励广大农村民众参与文化遗产的保护。切实解决当前民居村落保护中的各种问题;同时把保护文化遗产的内容纳入建设社会主义新农村的总体规划中,使乡村建设规划的制定、实施与当地文化遗产保护规划相协调,努力寻求文化遗产保护与当地经济发展良性循环的道路。

有关部门要以新农村建设和新型城镇化为契机,组织开展本地区历史、传统礼仪、风俗的宣传教育和培训活动,让广大民众,特别是本地区居民了解当地历史,继承和发展地方特色的民俗风情、传统工艺、地方戏曲等;加强对地区历史文化底蕴的挖掘整理,将地区文化遗产的相关历史文化知识、传统文化礼仪等编入中小学教材,让广大青少年接受传统文化的熏陶,从小树立遗产保护意识;在高等院校开设民族传统文化课程,如传统建筑技艺、地方戏曲、舞蹈等,让青年人了解民族传统文化,继承和发展传统文化。

二、理顺农村文化遗产保护与新农村建设的关系

首先,要正确理解"保护"二字的含义,文化遗产的"保护"是一种管理,即引导农村居民保护古民居、古祠堂、古廊桥等物质文化遗产,传承和发展传统的民风、民俗等非物质文化遗产。农村非物质文化遗产不同于博物馆中的展品,是有生命的,必须让其生生不息,充满活力!不能像保护一棵古树一样,将其围起来,让其保持原状,不破坏也不发展。

农村文化遗产保护的首要问题也是意识问题,要有效利用文化遗产日开展文化遗产保护活动。现阶段的我国世界文化遗产日活动仅流于形式,在全国多数地区仅限于公共旅游点的免费或折价开放,这种"优惠"无法起到文化遗产保护的宣传作用,对广大尚未开发的农村文化遗产,远离著名景区的农村居民无法起到宣传作用。

应将一年一度的"文化遗产日"变成一个全民性的活动,在乡镇集市、庙会等农民聚集时间,开展丰富多彩、喜闻乐见的宣传活动,如张贴标语、制作展板、散发宣传资料、展卖文化遗产产品、组织文艺演出、做专题报告等,向广大村民广泛宣传农村文化遗产保护的重要意义和国家有关政策法规,全面普及农村文化遗产保护知识,提高市、区和农村干部特别是广大农民保护农村文化遗产的积极性,使农村文化遗产保护由个别专家的奔走呼号变成

全民的自觉行动。

三、完善公共文化服务，拓展文化惠民工程

构建现代公共文化服务体系，在传统的基础上使公共文化服务体系升级换代，以适应当代人民群众的需求，运用现代科技手段丰富文化遗产服务的产品和供给，让文化遗产带来的效益惠及农村大众。比如进一步促进农村博物馆免费开放等。

适应社会主义初级阶段的国情，构建基本覆盖全社会的公共文化服务体系，不断满足人民群众的文化需求，在现有基础上保障基本文化权益、满足基本的文化需求，体现公平正义的原则。特别是文化惠民工程，要致力于消除城乡二元结构，实现社会的公平正义。

努力消除城乡二元结构在公共文化服务上的影响，逐步缩小城乡差距、地区差距，提供机会均等、过程均等、效果均等的较为完善的文化遗产公共服务项目，比如有关农村地区的非物质文化艺术演出、传统技能传承、遗产项目的利用与开发等。

农村公共文化服务标准化，是实现均等化的有效手段。一是基本权益的确定，要确定提供给农村公民的基本文化权益包括哪些内容。二是要提升公共文化服务的能力。三是要构建合理的工作机制，我们确定了这样的目标，怎么样实现这样一个目标，建立一种什么样的机制，通过什么样的措施和手段才能实现我们确定的标准，这是我们必须考虑的问题。

标准化的主要内容是制定服务种类、保障标准，场地设施、人均资源配置、服务半径、要求，以及实现这些保障的单位的人员编制、经费投入保障责任等一系列标准；要结合国情实际，研究提出国家基本公共文化服务的标准，确定基本公共文化服务的范围以及各级政府的保障责任。确定技术标准、评价标准、考核标准，建立一整套健全的公共文化服务体系监督和评价机制。

制定标准化的公共文化服务体系,为各级政府公共文化机构、公共文化部门设定明确的标准和规范。这有助于促进资源的有效配置,提高服务能力。均等化、标准化是构建现代公共文化服务体系的内在要求,也是深化文化体制改革、增强文化治理能力的重要途径。公共文化服务体系的标准化、均等化建设应由有关文化主管部门牵头统筹协调、整合资源。

第二节 大力推进农村遗产保护体制,机制创新

一、将文化遗产保护纳入新农村建设总体规划

在新农村建设起步之时,应以科学发展观为指导,将文化遗产的保护率先列入新农村建设的总体规划之中,保护好中华文化之根。我国应立即实施中国农村民间文化遗产的抢救工程。加快制定出台《农村文化遗产保护办法》,使其成为新农村建设的法规依据,以提高各级政府和全民的保护意识。要对农村文化保护现状进行一次地毯式普查、登记,建立以照片和光盘为主的影像档案及资料数据库。做好农村重要文物遗产的抢救和保护工作,对有形的农村文化遗产,如特色民居、生活生产工具、宗教器物、服饰、工艺美术品等,应建立档案和挂牌保护;对无形农村文化遗产,诸如节日习俗、音乐、舞蹈、民间故事等即将消失的应通过采访将其记录下来,并辅以音像手段,使之得以传承;全面了解和掌握文化遗产的分布状况、生活环境和保护现状,并分类制定保护规划,明确保护范围,建立保护制度;乡村建设规划的制定和实施应与当地文化遗产保护规划相一致。在新农村建设过程中,凡涉及文化遗产保护事项的基本建设项目,必须依法在项目批准前征求文物行政主管部门的意见,在进行必要的考古勘探、发掘并落实保护措施以后再实施。

二、加强法制建设，尽快起草制定专门的保护法规

1. 尽快起草制定专门的农村文化遗产保护法规

现有的文物保护法律法规不完全适合乡土建筑保护，为便于各项保护工作的开展，应考虑制定适用于乡土建筑保护的专门法规或政策。乡土建筑的保护和管理工作必须逐步纳入法制化、科学化、规范化的轨道。从浙江、江苏、安徽等地的实际经验看，法规建设对推动乡土建筑的保护极其重要，能积极有效地推动和规范乡土建筑的保护工作。

为改变全国乡土遗产保护工作的现状，建议加强立法研究，尽快制定乡土遗产的保护条例。在这方面可参考、研究已报送国务院的《历史文化名城和历史文化街区、村镇保护条例》，制定公布乡土建设的保护条例，逐步建立系统保护乡土遗产的法律法规体系，使相关部门有法可依，以尽快制止不加甄别的随意拆除、改造有历史价值乡土建筑行为的蔓延，引导地方及时调整新农村建设中只重建设、改造，不重保护的政策，制止建设性破坏，引导新农村建设科学、有序地进行。

2. 实施历史文化名城名镇(村)保护性立法

对历史文化名城名镇(村)保护进行立法，可保障在新农村建设过程中历史街区和建筑得到更有效的保护和利用，有效遏制过度开发行为的发生，提高决策者和广大群众对历史名镇名村的认知，加强保护工作的科学性和管理工作的规范化，指导和把握历史名镇名村建设的发展方向，从而在法律的框架内保证我国历史文化名城名镇名村能够保持其传统的文化氛围，不致在经济大潮的冲击下遭受毁灭性破坏。因此，推动遗产保护的法制化、制度化和规范化建设是农村遗产保护的重中之重。

广泛学习《新农村建设中应予以保护的建筑推荐标准(初稿)》。各级政府可据此在自己辖区内进行全面、广泛的乡土建筑调查，按照标准甄别有价值的乡土建筑加以保护，以延续地方文化传统，保持新农村特色；亦可结合

已开展的第三次全国文物普查,加强农村地区文化遗产特别是乡土建筑的资源调查,摸清家底。

任何名城、名镇、名村都是人文和自然的综合体,文物部门做好名城、名镇、名村文物保护工作的同时,要有整体观念,既考虑文物保护,也考虑自然生态保护;既重视物质文化遗产保护,也要重视非物质文化遗产保护,同时还要把遗产保护与改善民生、改善环境结合起来。推行古村镇保护与利用的综合试点工作。

3. 创新、规范农村文物出入境管理

1989年,文化部发布了《文物出境鉴定管理办法》,是根据1982年《文物保护法》制定的规章,对规范文物出境鉴定管理工作发挥了重要作用。2002年和2003年,新修订的《文物保护法》及其《实施条例》相继颁布,文物进出境审核工作的法律要求和社会需求有了很大变化,《文物出境鉴定管理办法》已经不能适应上位法和工作实际。特别是新修订的《文物保护法》用"文

物进出境审核"概念取代了"文物出境鉴定"概念,从"鉴定"到"审核",实际上是管理职能从技术性到行政性的转化。2007 年,我国颁布了《文物进出境审核管理办法》,充分体现了《文物保护法》"文物进出境审核"管理理念的创新,明确文物进出境审核机构是根据法律法规规定,由国家文物局指定,承担文物进出境审核工作的行政执法机构。这一定性为文物进出境管理工作打开了新局面。

　　我国政府积极响应并加入了《关于禁止和防止非法进出口文化财产和非法转让其所有权的方法的公约》《关于被盗或者非法出口文物的公约》《保护世界文化和自然遗产公约》和《保护非物质文化遗产公约》等有关保护文化遗产的国际公约。在《关于禁止和防止非法进出口文化财产和非法转让其所有权的方法的公约》(1970 年公约)的框架下,我国积极与多个国家签署打击文物走私的双边协定,目前已经与秘鲁、意大利、印度、菲律宾签署了双边协定。比如 1970 年公约要求缔约国通过立法及采取预防措施,保护本国文化遗产,包括公布国家保护的文化财产目录,建立出口许可证制度,监督和制裁经销商,实施刑事和行政制裁等。并设置了国际合作的框架,以利于被盗出境文化财产的归还。我国的文物进出境法律法规,以及文物进出境管理机构、管理手段均符合国际惯例、符合国际公约的要求。

2007年颁布的《文物进出境审核管理办法》指出改革的方向:

一是今后在出入境文物鉴定机构体制建设方面要加大改革力度,更加明确文物进出境审核机构是文物行政执法机构,要依法独立行使职权,加速适应文化遗产法律体系的新要求。加快国家文物局负责文物进出境审核管理改革,指定文物进出境审核机构承担文物进出境审核。文物进出境审核机构由国家文物局和省级人民政府联合组建,省级人民政府应积极履行保障文物进出境审核机构的编制、办公场所及工作经费的职责;国家文物局应当对文物进出境审核机构的业务经费予以补助。国家文物局的规划是在各省会城市都建立文物进出境审核机构。在人员配备上,强调对承担进出境审核工作的人员进行资格管理。经国家文物局考核合格的,确定其文物进出境责任鉴定员资格,颁发证书,持证上岗。

二是要适应近年出现的急剧增长的、日益猖獗的国际文物走私活动,不断提升科学鉴定文物的技能和装备水平,尽最大可能防止农村文物被盗走私。

三是坚决执行1949年以前的文物不准放行国际的标准。1960年以来,我国对进出口文物执行三条线:1795年以前的一律禁止出口,1911年前,经文物出境鉴定机构审核,按文物的重要性、存世数量等,一部分可以出境。由于1795年至1911年的一些文物可以放行,这一时期的文物流出较多,20世纪七八十年代每年多达上百万件。许多专家在20世纪80年代开始呼吁调整标准,否则将造成200年间文物的断档。改革开放以来,随着公众对民族文化遗产认识的丰富,保护意识的增强,旧标准已经不能适应文物保护工作的需要。因此,国家文物局陆续颁布了一系列相关文件,对化石、古籍、古建筑构件、中华人民共和国成立后已故著名书画家作品限制出境等做出了补充规定。这些规定一并纳入了新标准,即 1911 年成为文物出境审核的一条基本准线,凡此前的文物一律禁止出境。

同时,针对少数民族文物流失严重的情况,为加大少数民族文物的保护力度,应执行新标准,将有代表性的少数民族文物禁止出境年限设定为 1966 年。结合文物进出境审核工作的实际需要,《文物进出境审核管理办法》将上述文物分为六类:1949 年以前的各类艺术品、工艺美术品;1949 年以前的手稿、文献资料和图书资料;1949 年以前的与各民族社会制度、社会生产、社会生活有关的实物;1949 年以后的与重大事件或著名人物有关的代表性实物;1949 年以后的反映各民族生产活动、生活习俗、文化艺术和宗教信仰的代表性实物;国家文物局公布限制出境的已故现代著名书画家、工艺美术家作品。《文物保护法》还规定,具有科学价值的古脊椎动物化石和古人类化石同文物一样受国家保护。文化部发布了部门规章《古人类化石和古脊椎动物化石保护管理办法》。根据此办法,将古猿化石、古人类化石以及与人类活动有关的第四纪古脊椎动物化石列入禁止出境文物范围。各省级文物行政部门要切实落实《文物进出境审核管理办法》,认真准确地执行《文物出境审核标准》,加强对文物进出境审核人员的培训,提高文物审核水平,既要把好国门,也要为中外经济文化交流做好服务。

三、加快政府职能转变,加大对农村文化遗产的投资力度

1. 加快政府职能转变

对行政审批项目变事前审批为过程管理和事后监管监督,加大财政保障机制,党的十七届六中全会决议中已经提出了这样的目标,在文化遗产保护和建设方面要使财政投入和增长的幅度不低于同时期经常性财政收入增长的幅度。逐步提高文化投入在财政支出中的比例。将其作为刚性要求,建立以均等化为导向的公共财政制度。

2. 尽快实施传统农业文化资源的政府保护

农业文化的保护是体现政府公益性职能的重要内容,各级政府应组织好农业文化资源的调查、采集、整理和归档,制定出农业文化的分级、分类保护计划。具体保护途径有:建立农业文化保护区,对具有典型传统特色的农业耕作方式、乡村自然景观及民间农业习俗,在一定范围内实施政府保护。如对湖河水网地区的野莲藕水生作物建立自然生长区、对一些富有历史意义和区域特色的精耕细作模式设立保护区等。浙江省青田县方山乡龙现村的"传统稻鱼共生农业系统",已被联合国确定为我国首个全球重要农业文化遗产(GIAHS)保护项目;建立农业文化博物馆,对不同区域的农具、农器、农谚、农趣、农节等进行收集、保护和展示。目前国内一些综合博物馆、休闲农业园区虽然有所收集和展示,但要么零星分散,要么商业化浓重,传统农

业文化的韵味浅薄,更未上升到一种文化遗产保护的高度;建立地方特色农业品种资源保护区,把具有地方特色但暂时又缺乏经济利用价值的品种保护起来。农业部已经开始建设濒危和珍稀水生野生生物自然保护区,江苏省 2004 年起也率先实施农业种质资源保护,如江苏家禽科学研究所的家禽基因库已收集保存了国内二十多个珍稀濒危禽种。但由于受到主、客观条件的限制,我国农业品种资源保护依然处于较低水平。

3. 探索成立"农村文化遗产保护专项基金"

建议党中央和国务院建立"农村文化保护专项基金",用于农村非物质文化遗产的抢救、农村文化遗产普查、建立农村遗产保护数据库、组建农村文物保护执法大队、农村物质遗产载体的修缮保护、出版"中华农村文化遗产保护著作"、建设古村落博物馆、古遗址博物馆、少数民族非物质文化博览馆等。通过加大投资推动农村文化遗产保护工程的顺利实施,保住中华文化的根。

四、鼓励多渠道资金投入乡土建筑保护

为积极探索适合乡土建筑保护的资金投入机制,建议在鼓励各级政府和集体加大投入的同时,采取多渠道筹集民居保护资金的方法,以解决保护资金不足的问题。对于列为各级文物保护单位的乡土建筑,建议中央财政设立保护专项资金,用于抢救价值高、保存情况最严峻的国宝级乡土建筑,并在"十三五"期间加大保护资金的投入;对于被评为国家级和地方各级的历史文化名村、名镇,省、县各级财政应分别在当年财政收入中按比例提取保护专项资金,用于抢救本区域内乡土建筑遗产;对于其他未列为保护对象的乡土建筑,建议通过税收政策鼓励、引导社会资金介入,用以抢救乡土建筑遗产;对于产权属个人所有的乡土建筑,使用保护建筑者按文物建筑要求进行维修时,政府均应给予适当的经济补助;改善村落基础设施所需的资金,可考虑个人、集体和政府按照比例各拿出一部分,以切实改善农村文化遗产生存条件,鼓励村民参加保护管理工作。

五、探索土地置换民居产权的新政策

根据各地实际经验,要解决民居保护与改善居民生活的矛盾,建设新区、保护老村是较好的方法,即把居民逐步迁移到新区,做到既保护文化遗产又改善居民生活。因为这一做法涉及国家土地政策问题,所以建议有关部门研究、改革相关土地政策,从政策上鼓励需要保护的乡土建筑房主建新不拆旧,解决乡土建筑的新区建设用地问题;同时建议健全农村房屋产权交易制度,适当放松产权交易,允许有经济能力的集体或个人购买保护建筑,真正做到谁使用、谁维修,借助社会力量达到保护目的。

六、充分发挥农村民间保护组织的积极作用

要充分发挥民间组织的作用,政府应出台相关优惠政策,如给予一定的资金、设备、场地等支持,鼓励当地村民成立相关的民间组织,继承和发展带有地方特色的民俗风情、民俗活动、传统工艺、地方戏曲等。

建议成立"村级文化遗产志愿保护小组"。村级文化遗产志愿保护小组成员可由文化素质较高的退休干部、教师、民间艺人、文物收藏爱好者组成，其主要任务是，向村民宣传文化遗产保护的意义和相关知识，在当地发现新文化遗产或文化遗产遭到威胁破坏时及时向文管部门报告，代表村民参与本村建设规划的制订等。同时鼓励历史学界、文化学界、建筑学界和旅游学界等领域的专家学者与民间文化遗产保护组织建立长期合作关系，为农村文化遗产保护提出合理化建议，督促政府采取科学措施管理农村文化遗产。

七、完善技术规范，确定保护标准

加快农村历史文化遗产的立法和标准制定，尽快制定和出台古村落古民居保护标准和细则以便于实际操作。国家文物局已经组织了国内有关专家和相关省市的文物管理工作者召开专门研讨会，探索和制定乡土建筑的保护标准。经过热烈讨论并广泛征求各方面意见，已初步制定了《新农村建设中应予以保护的建筑推荐标准（初稿）》。该推荐标准目前尚需进一步征求其他相关部门的意见。在该保护标准正式出台后，各级政府可据此在自己辖区内进行全面、广泛的乡土建筑调查，按照标准甄别有价值的乡土建筑加以保护，以延续地方文化传统，保持新农村特色；亦可结合第三次全国文物普查，加强农村地区文化遗产特别是乡土建筑的资源调查，摸清家底。

八、创新管理体制，及时调整维修管理

根据实际需要，针对乡土建筑实际情况，在乡土建筑管理、移民安置补偿、技术维修等方面，因地制宜地积极探索新的管理方式，制定合乎实际又利于保护的管理制度，妥善解决文化遗产保护与经济发展的关系。在乡土建筑维修方面，鉴于其保护级别情况差距大、数量众多、维修任务较重，建议针对乡土建筑的特点，合理利用民间维修力量与维修传统工艺，以便于有技术力量的地方工匠从事维修保护工程，及时维护文物建筑安全。

九、加强新农村遗产保护人才队伍建设

1. 加强农村民间文化传承人的保护力度

由于非物质文化是靠口头传承的,因此中华文化延续的生命线便是代代相传的传承人。如果传承人没有了,活态的文化便立即中断,剩下的只能是一种纯物质的"历史见证"了。因此,物质文化遗产是静态保护,非物质文化遗产的保护主要是活态保护,活态保护的关键是传承人。在当前的文明转型期中,随着家庭、居住、工作和生活兴趣的改变,这些传承的线索大量中断。由于传承人消失速度太快,急需做的事情包括:

第一,建立国家的文化传承人名录。进入名录者要经过专家严格的评议与审批,对列入名录者要建立档案,以文字、图片和音像方式存录其全部资料。

第二,确定省级、市级和县级传承人。传承人名录可采用我国文物法中"多级保护"制度,除国家一级杰出传承人,还要确定有省级、市级、县级的传承人,以全面和整体地保护非物质文化的生态。

第三,制定传承人的具体保护措施。要积极构筑传承人保护措施,以国家和地方政府名义给予经济资助。保证遗产承继有人,不让任何一项重要遗产失去传承机会。

2. 加强农村文化遗产保护专业人才建设

广大农民群众是文化遗产保护的重要力量。中国是农业大国,广大农村至今仍保持着极其丰富的历史根脉。这些各具特色的、丰富的文化遗产,是我们建设和谐农村和文化强国得天独厚的根基。广大农民既是新农村建设的主体,也是文化遗产保护的重要主体。

面对党和国家对文物保护利用、传承发展的新要求,我国的文化遗产保护的人才队伍建设还不完全适应。目前国家文物局的编制仍是 20 世纪 80 年代初的水平,全国各级文物行政部门人员总数约为 7000 人,管理着近 77

万处不可移动文物；全国 3000 多万件馆藏文物中，有病害的占到近一半，而全国从事这一行业的修复人员仅有 2000 人；不可移动文物中彩绘、壁画和石质文物修复人员更为短缺。因此建议扩大文化遗产保护队伍，增加编制，尤其补充农村基层文保编制，增加农村博物馆专业保护队伍规模，增强基层文保力量，将农村作为遗产保护改革创新的突破口，确实做到保护主体先行。

　　建议进一步建立和健全农村业余文保员制度以及文化遗产志愿者队伍，深入农村地区开展"文化遗产日"系列活动，以轻松愉快的方式，使农民群众认识到文化遗产保护与他们自身的利益关系，并通过举办展览、讲座、知识竞赛及编印资料等多种途径和形式，充分利用农村文化科技屋等有效载体，重点宣传文化遗产保护的对象、内容和措施等，使文物保护知识家喻户晓、深入人心。加大在农村地区宣传文化遗产保护相关法律法规的力度，充分认识保护文化遗产的意义。

农村文化保护人才培训。文化遗产保护工作是一项专业性、技术性很强的复杂工作,需要一支业务素质好、专业结构合理的文物保护工作队伍。各地及各有关部门应加强文物队伍建设,重视文物专业技术人才、管理人员的培养、培训和使用,提高文物工作者的政治、业务素质,做到善于识别文物、发现文物,并引导群众科学地保护文物,促使文化遗产的保护、开发和利用工作人才辈出,使优秀文化代代相传。

第三节　加快发展农村文化遗产的生产力建设

一、农业文化遗产是人类文明的重要组成部分

对历史文化的态度体现了一个国家的人文素质和文明水平,随着人类生活的不断进步和发展,传统农业文化也将成为价值无比珍贵的财富。保护、利用和发展农业文化必须引起全社会的高度关注。

首先,保护传统农业文化遗产是一种社会责任,全球农业文化遗产属于世界遗产的一部分,在概念上等同于世界文化遗产,联合国粮农组织等机构已经计划在全球设立重要农业文化遗产保护项目,以对全球重要的、受到威胁的传统农业文化与技术遗产进行保护。

其次,保护传统农业文化应成为政府的职责,明确传统农业文化保护责任主体,将农业保护列入政府公益性工作的内容,不再让传统农业文化去无归所、自然消亡。荷兰政府十分重视传统农业资源的保护,走进荷兰国家风车公园,通过风车动力演示、传统奶酪制作等就能感受到浓郁的荷兰农业文化风韵,荷兰还对风车采取立法保护,对散落农村的风车登记建档,因而也赢得了世界风车王国的雅称。

再次,应该增强国民传统农业文化的保护意识,在许多国家,农业文化

保护已经成为社会的一种共识,如2002年日本一批学者,在无锡的吴文化公园发现了保存和陈列的龙骨水车后,就自发成立了日本中国传统技术保存研究会,并主动为养护龙骨水车捐款,并把吴园作为日本中国传统技术研究会的研究基地。

二、实施保护性开发乡村遗产旅游

农村文化遗产作为极富吸引力的文化旅游资源,近年已成为许多村镇发展经济、提高农民收入的重要手段。发展农村文化旅游,实现经济发展的同时达到保护农村文化遗产之目的,处理好发展和保护两者之间的关系是重中之重。

规划先行,避免盲目开发。农村文化旅游起步晚,各地发展不平衡,因此建议各级政府坚持"多予、少取、放活"的方针,加大政府导向性投入。农村文化旅游又是一个系统工程,规划必须先行。为避免陷入新一轮"保护性破坏"的漩涡中,政府应发挥引导作用,组织专家为农村文化旅游、农村旅游景点实行区域化布局和差异化规划设计。同时,任何一种文化资源的开发都会对原先状态造成改变,关键要在发展中坚持保护当地独特的自然环境与文化遗产,必须遵循整体保护原则,坚持有机更新,保持农村文化遗产的历史可读性。

现在的消费者对旅游的需求更趋于个性化和多样化。发展农村文化遗产旅游就是要保留本地文化特色,无论是自然遗产、还是历史文化遗产,都要保护自然、历史文化的原真性,开发过程中应遵循"遗产景观美学"原则,注重人文与自然的和谐融合,注意传承民族民俗文化传统,严格控制盲目的开发性建设。为了保持农村文化遗产的景观价值和文化价值,在文化景观区域内不应建设新的旅游设施,哪怕与原有建筑完全保持一致,也不应建设。因为文化遗产不是独立存在的,周边环境也是遗产的重要组成部分,如整体环境遭到破坏,就大大损毁了遗产的特色和文化价值。因此,影响景观

和谐的服务设施越少越好,游览道路系统和少量的必不可少的服务设施要做好规划。如果没有科学的规划和管理,盲目地开发只能加速遗产的消亡。

三、创新农村文化遗产的特色旅游

1. 创新农村文化遗产特色旅游

目前以农村旅游为资源开发的旅游产品存在着一个共同的问题,即"娱乐性不足,参与性不强"。无论是现存的农村文化,还是实体性的文化遗产,都没有得到有效地利用。如何进行产品创新,走内涵式可持续发展道路,是农村文化旅游开发的重要问题。无论是文化遗产实体,还是现有的村容村貌,都具有不可再生性。因此,在现有遗产得到有效利用的同时,应根据所处的地理区位,依托各自的资源优势,开发新的项目,通过旅游让文化遗产活起来,这也是文化遗产保护的最终目的。

2. 不断开发和创造农业新的文化内涵

随着生活需求多元化的发展,文化将成为人们生活中不可或缺的内容,农业文化随着时代的发展也在不断丰富发展。因此在保护传统农业文化的同时,我们也要善于发现和创造新的农业文化。近年来各地新的农业文化靓丽纷繁、精彩纷呈,而"龙虾"文化则是其中的典范:盱眙人实施新闻传播战略,精心策划包装,连续举办四届中国龙虾节,硬把小螯虾吆喝成红遍全国的盛宴大餐,把"龙虾"做成国内极具盛名的特色产业,"龙虾"几乎成为盱眙县的代名词。同时,"龙虾"文化也随之产生,文人墨客留下了《龙虾节赋》《渔篓龙虾图》《龙虾、河虾共处图》等许多颂诵"龙虾"的佳诗美画,著名诗人丁芒还写下了"明宫美酒大龙虾,赢得都梁满脸霞。归去成诗三百首,回赠淮畔一城花"的动人诗句。此外,与文化结缘的农业内容也越来越多,并涌现出许多新的农业文化节庆:奶文化节、芦蒿节、葡萄节、银杏节、山羊节、赛牛会、稻米节等,还有许多特色农产品也引入各种文化元素,如长寿健康食品、七彩花生、彩色棉花、彩色甘薯、印字水果等。

农业与文化的结姻并不是一种附庸风雅的做法,这是农业生产发展的必然现象,也是人们生活水平日益提高的客观需要,更是推进现代农业发展的新的突破点。

四、依托旅游观光实现农业文化遗产保护与利用的双赢

中国是一个农业大国,千百年来农业不仅是人类基本的生产内容,同时也是人类重要的生活内容,农业文化直接融入了人们的社会生活、情感思想、艺术审美和价值观念之中。长江流域、黄河流域、北方游牧地区以及南方低海地区各自孕育出的稻作文化、粟作文化、游牧文化及渔猎文化,构成了中国农业文化的有机整体,这也是中国古代传统文化的根基。

农业文化是在农业生产活动中创造的,与农业生产活动直接相关并对人们日常生产生活产生影响的各类文化现象的总和。农业文化分为物质文化、智能文化及农业自然景观三个方面。农业物质类文化即几千年农业生活、生产活动中创造、培育及传承下来的带有历史痕迹或文化附加成分的物化品。农业智能类文化即农业生产、生活过程中经过民间总结提炼而形成的理论化、文学化、经验化、习俗化的规律。农业自然生态景观即农村与其所处环境长期协同进化和动态适应下所形成的独特的土地利用系统和农业景观。

中国传统农业文化绚丽多彩,具有历史价值、情感价值、经济价值和文化教育价值。由于种种原因,人们对农业文化一直缺乏足够的认识,特别是近几十年来人类生活、生产的环境、方式和观念发生了巨大变革,传统农业文化也面临着现代农业生产方式、城市化进程、经济比较效益、生态环境恶化等严重的冲击,保护利用传统农业文化是一个重大的课题。

农业文化也是人们休闲观光的重要内容,近年来农业休闲观光已成为城郊型农业发展的新热点,同时它也是农业文化保护利用的一个重要载体。挖掘传统农业文化内涵,有利于提升农业观光休闲的水平和档次。许多农业文化具有极强的旅游观光娱乐功能,譬如传统斗鸡历史悠久,具有极强的娱乐性,从"顾敌知心勇,先鸣觉气雄。长翘频扫阵,利爪屡通中。飞毛遍绿野,洒血渍芳丛"的诗句中,我们不难感受到其中的乐趣。我国现存的斗鸡品种有5种,涉及斗鸡的诗词、寓言、童谣、谚语、成语典故也很多。再譬如"蚁蚕脱皮、成蚕上山、吐丝结茧、破茧飞蛾、产卵孵化"的生产过程,就是一个绝佳的休闲活动内容,同时也是儿童参与体验式教育的生动题材,从中也可派生出许多旅游商机。近年来,农业文化已开始走进各种观光旅游项目之中,如澳大利亚的剪羊毛这种普通农活,已形成当地每年的节庆比赛,并成为赴澳游客参与的传统旅游项目;再如无锡吴文化公园中内设了"稻丰圩、堰里农舍、蚕桑巷"等场馆,通过丰富的资料、实物等手段,展现了五千年吴地农业文化,并通过踏水车、穿蓑衣、推石磨、捉泥鳅等农业活动,让游客亲身体验到传统农业生产特有的乐趣,实现保护与利用的双赢。此外,随着城市化的推进,许多充满诗情画意的传统原生态乡村风貌,也已变成珍贵的旅游休闲资源,成为人们心目中期盼的休闲天堂。

挖掘农业文化内涵,打造农业经济特色品牌,充分利用传统农业文化的历史、情感、文学价值,促进农业文化与农业产业化经营的结合,延长特色农产品生产的产业链,培育和打造农业特色品牌。国内外借助传统农业文化来包装农业产业,促进地方经济发展的范例不胜枚举。如阳澄湖大闸蟹这个文化品牌托起了一个年销售近千万吨的知名产业,该品牌的螃蟹价格显著高于其他螃蟹;高邮的双黄咸鸭蛋,更借着"一蛋双黄,天下无双""天上太阳月亮,地上鸭蛋双黄"的独特魅力,让世人"未识高邮人,先知高邮鸭",使高邮鸭成为一个带动5万人就业、年产值8亿元的大产业;韩国的"泡菜文化"不仅培育了坚韧不拔的民族精神,也让韩国泡菜成为一个世界知名大产业;法国悠久醇厚的"葡萄酒文化",已渗透进法国的宗教、政治、文化、艺术及生活的各个层面,全国有二十万人从事葡萄酒及葡萄种植业,葡萄酒产量占世界的五分之一。还有许多地方通过挖掘农业特色文化,采取文化搭台经济唱戏,推动地方经济的发展,如举办"斗牛节""荷藕节""杨梅节"等。

五、控制、平衡古村落环境承载力

古村落文化保护是农村遗产保护的重中之重。我国有 5000 多个古村落,列入保护名单的有 1400 多个,这是一笔宝贵的文化遗产。首先,应对古村落的现状进行全面调查。应将具有历史和民族特色遗存的村落进行分类,由专家有针对性地制定专业保护方案,列入新农村建设规划的分级规划中,使遗产保护和发展新农村经济相得益彰;避免人为地片面开发带来无可挽回的损失。

其次,设置中国古村落名录。建立传统村落名录是一项艰巨、细致的任务,在普查基础上,一方面要建立名录,对纳入名录的古村落制定保护规划;另一方面在文字保存基础上建立民族古村落博物馆,以实物保存历史记忆,传承文化技能,把记忆和文录统一起来。

再次,以专家科学研究作为保护的基础。无论是对古村落文化遗产保护,还是旅游的开发性保护,科学指导是基础,应邀请各方面专家学者参与到古村落保护中来,以准确地把握继承和发展、保护与开发等关系,把新农村建设成具有经济和文化双重价值的社会主义新农村。在对古建筑、古民居进行维修时,应按照"修旧如旧""修旧如真"的原则进行修缮,不得随意拆掉旧材料、以"新"代"旧"、以"洋"代"土"、以"今"代"古";不得改变原生态文化信息符号的真实性,更不得损毁、改建、添建或者拆除不可移动文物,确保原生态文物所蕴含的历史、艺术和人文、科学价值的完整性。

环境承载力或称环境容量、环境忍耐力,是一个生态学概念,引用到旅游和景观资源管理中,就是指某一风景区的环境在一定时间内维持一定水准给旅游者使用而不会破坏环境或影响游客游憩体验的开发强度。作为遗产旅游资源的农村,当其成为著名遗产景点时,其旅游者数量控制更显重要。否则文化遗产景区景点的旅游潜力将大受破坏,那时再谈保护就相对困难了,对游人的吸引力也大为减弱,农村文化遗产旅游的可持续利用也就失去了根基。如2014年4月笔者在安徽世界文化遗产地宏村考察时发现,原本美丽安静的宏村已人满为患、环境拥挤,慕名而来的游人与各地写生的学生交织在一起,环境显现嘈杂、脏乱差的景象。

目前,遗产旅游超负载问题尚未根本解决。虽然已有一些单位制定了游客承载标准并较好地执行,但绝大部分文物景区或者开放单位单纯追求旅游收入,尚未制定或者不执行相应标准。尤其是节假日等旅游旺季和庙会、祭祀活动,游客十分集中,极易对遗产本体和环境造成破坏,同时也造成拥堵,甚至发生踩踏等事故。

六、鼓励多渠道筹措资金投入乡土建筑保护

为积极探索适合乡土建筑保护的资金投入机制,建议在鼓励各级政府和集体加大投入的同时,采取多渠道筹集民居保护资金的方法,以解决保护

资金不足的问题。对于列为各级文物保护单位的乡土建筑,建议中央财政设立保护专项资金,用于抢救价值高、保存情况最严峻的国宝级乡土建筑,并在"十三五"期间加大保护资金的投入;对于被评为国家级和地方各级的历史文化名村、名镇,省、县各级财政应分别在当年财政收入中按比例提取保护专项资金,用于抢救本区域内此类乡土建筑遗产;对于其他未列为保护对象的乡土建筑,建议通过税收政策鼓励、引导社会资金介入,以用于抢救乡土建筑遗产;对于产权属个人所有的乡土建筑,使用保护建筑者按文物建筑要求进行维修时,政府均应给予适当的经济补助;改善村落基础设施所需的资金,可考虑个人、集体和政府按照比例各拿出一部分进行维修,以切实改善村民的生活条件,鼓励村民参加保护和管理工作。

第四节　加强少数民族地区农村文化遗产保护力度

一、少数民族地区农村文化遗产保护的主要内容

对民族民间传统文化的定义,目前有不同的意见,一些专家认为可定义为:本行政区域内,由特定民族或者特定区域的民族群体世代相传,反映其历史渊源、生产方式、生活习俗、文学艺术、民间信仰及其赖以生存的自然环境、社会环境的文化表现形式的总称。由于有不同的意见,因此在广西壮族自治区的《条例(草案)》中没有写上民族民间传统文化的定义,只写上"自治区保护下列具有历史、文学、科学、社会价值的民族民间传统文化表现形式"。这实际上是规定了这部法规所调整的对象。根据这一调整对象,《条例(草案)》规定了民族民间传统文化保护范围8个方面的形式与内容:

(1)濒危的民族古文字或者民族语言,包括壮族的古壮字、京族的喃字及其他民族的古文字以及仫佬、毛南、京、仡佬等民族的语言等;

(2)记录民族民间传统文化的手稿、经卷、典籍、碑刻及其他文献资料;

(3)有代表性的民族民间口头和非物质文化,包括民族民间文学、戏剧、曲艺、音乐、舞蹈、乐器、绘画、雕塑、杂技、木偶、剪纸等;

(4)具有特色的民俗文化活动,包括传统礼仪、节日和庆典活动、游艺活动、体育活动等;

(5)民族民间传统生产、制作工艺和其他技艺,包括织锦、蜡染、造纸、制陶等;

(6)集中反映民族民间传统文化的代表性建筑、设施、标识、服饰、器物、工艺制品,包括壮、侗、瑶、苗、毛南等民族的干栏、侗族风雨桥,壮、瑶、苗、侗、彝等民族的传统服饰,壮、瑶等民族的铜鼓,歌圩场等;

（7）集中反映民族民间传统文化并保存比较完整的自然场所；

（8）其他形式的民族民间传统文化。

以上可以看出，《条例（草案）》是以保护口头和非物质文化遗产为主要对象的法规。有关这些民族民间传统文化的形式和内容，下面选取一部分举例说明。

1. 民族古文字

以壮族为例，从唐宋时期起，壮族人民就借用汉字的形、音、义并根据汉字六书构字方法构造了壮族的文字，称为古壮字，主要用于书写契约文书、谱牒、经文，记录民间故事、传说和歌谣等，但未经过统一和规范。目前已收集到的古壮字有11000多个，其中使用比较普遍、结构比较合理的常用字有4900多个，这些古文字对研究壮族及相关民族的历史文化具有重要的价值。

2. 民族民间传统生产、制作工艺

如织锦类的壮锦、侗锦、瑶锦等；陶艺类的钦州紫砂陶、靖西土陶；造纸类的大化贡川纱纸；编织类的都安、德保的藤编，环江毛南族的竹编等。壮锦是壮族民间一项重要的传统手工艺品，具有悠久的历史，因其图案精美、色彩绚丽、工艺精巧，是民间婚嫁、生寿及亲友馈赠的重要礼品。明清时期壮锦被列为贡品，成为中国四大名锦之一，这些贡品现仍收藏在故宫博物院。侗锦和瑶锦亦工艺精巧，图案精美，闻名遐迩。但目前这些织锦已日趋减少，其织造工艺在许多地方已濒临失传，即使在被誉为壮锦之乡的忻城、靖西等县，壮锦也已不多见。

3. 民族民间文学艺术

文学类如壮族"布洛陀"、瑶族的"密洛陀"等。"布洛陀"是壮族的创世史诗，是我国56个民族中为数不多的创世史诗之一，反映了远古时代的壮族先民物质文化创造和精神文化创造的光辉历史，主要流传在桂西地区，目前已收集到民间手抄本34本，具有重要的历史文化价值。"密洛陀"是瑶族布努支系的创世史诗,也具有重要的历史文化价值。

4. 少数民族戏剧与舞蹈

如壮剧、彩调剧、桂剧等;曲艺如壮族末伦,侗族琵琶歌,京族唱哈等;音乐如壮族僚歌、哭嫁歌,侗族大歌等;舞蹈如壮族蚂舞、板鞋舞,瑶族盘王舞、长鼓舞,苗族、侗族芦笙舞,彝族铜鼓舞等;乐器如壮族马骨胡、波咧,侗族牛腿琴、苗族芦笙,京族独弦琴等;绘画如壮族崖壁画,三江侗族农民画等;雕塑如毛南族石雕;杂技如田阳壮族舞狮,瑶族上刀山等;又如靖西壮族提线木偶;又如壮族礼俗剪纸等。

广西素有"歌海"之称,目前各地较有名气的歌手有 400 多人,自治区级的歌王有 63 人。广西各民族创造了世代传承、内容丰富、题材多样的民间歌谣。不少民族创造出了多声部民歌(大多为同声重唱或合唱的二声部组合,个别地方也有三声部或男女声混合唱组合),成为世界多声部音乐的瑰宝。如壮族二声部民歌是较为普遍的歌类,约有 100 多种。壮族三声部民歌是壮族特殊歌类,壮语称之为"三顿欢""喜欢""波列衣"。壮族民歌从称谓上分,主要有"欢""诗""加""比""伦"五种,从句型上分有五言、六言、七言、八言、十言和长短句六种,韵律大体可分为腰脚韵、头脚韵、勒脚韵、脚韵和自由韵五类。壮族民歌源远流长,并形成了以"歌圩"为主要载体的集体歌唱的传统。据 20 世纪 60 年代的不完全统计,壮族共有歌圩 642 个,其中万人以上规模的歌圩有 75 个。

广西各民族民间舞蹈多姿多彩,共有 800 多种,大致可分为敬神、祭祖、祈福、禳灾、志庆以及反映爱情、劳动生活等类。壮族民间舞蹈有 16 种 298 个节目,其中又以"蚂拐舞"最具盛名。"蚂拐节"流行于桂西北一带。每年农历春节,桂西北壮族人民都要举行隆重的蚂拐节。壮族先民进入农业社会以后,发现青蛙鸣叫和雨水及农业丰收有密切的联系。按照壮族先民万物有灵的思维方式,认为青蛙和天上的"雷王"有着神秘的关系,为了求得生存、繁衍与发展,青蛙便作为动物崇拜沿袭下来了。蚂拐节上所跳的"蚂拐舞"包括十一个舞段,分三种表演形式:一是祭祀色彩较浓的舞蹈,内容是敬拜青蛙神及禹王、尧王保佑平安;二是征战的舞蹈,表现青蛙神战无不胜的英雄气概;三是反映劳动生活的舞蹈,描写劳动生产祈求丰收。三种舞蹈形式有一个突出的共同点,即模拟性很强,接近生活的真实。祭祀形式的舞蹈,舞步姿态虔诚沉稳,富有神秘感,在朦胧的气氛中寄托着人民的追求与愿望。征战形式的舞蹈,舞步姿态刚劲敏捷,富有竞技性,在激烈的格斗中表现出壮族先民的英勇和气概。劳动形式的舞蹈,舞步姿态单一健美,富有娱乐性,在轻松的情绪中洋溢着人民的欢乐和喜悦。民族民间传统礼仪如瑶族度戒,壮族、汉族做寿等;节日和庆典活动如壮族三月三,瑶族盘王节,仫佬族依饭节,京族哈节,毛南族分龙节,彝族跳弓节,苗族坡节,回族古尔邦节等。

5. 少数民族的节庆礼俗

广西各民族在长期的历史发展进程中,形成了独具特色的节庆文化,如壮族"三月三歌节"、瑶族"盘王节"、苗族"斗马节"、侗族"抢花炮"等,共有近百个。如流传于北部湾畔的京族"哈节",就具有独特的民族色彩。"哈"为京语,一为"吃"的意思,意为"乡饮节",一为"歌"的意思,意即"歌节"。在少数民族的节庆礼俗中还形成了多种民间游艺和体育活动,如壮族抛绣球、斗鸡,苗族斗马,侗族斗牛,瑶族斗鸟、打陀螺等;体育活动如壮拳,壮族、侗族抢花炮,彝族打磨秋等。

6. 代表性建筑、设施、标识、服饰、器物、工艺制品

建筑类如壮族、侗族、苗族、瑶族、毛南族等民族的干栏,侗族、苗族的吊脚楼,侗族鼓楼、风雨桥,壮族土司衙署等;服饰类如壮族、瑶族、苗族、侗族、彝族等民族的传统服饰;器物和工艺制品如铜鼓、芦笙、独木舟、踏犁、木制榨糖机、鱼筌、水碓、竹筒水车等。

但是,侗族地区工艺精巧、具有鲜明民族特色的鼓楼、风雨桥及戏台等

建筑由于长期受到风雨的侵蚀,多已破损;壮、侗、瑶、苗等民族村寨中具有鲜明地方民族特色的干栏式建筑也在日趋减少。壮、瑶、苗、侗、仫佬、毛南、彝、京等民族多姿多彩、工艺精巧的服饰,是这些民族的重要标志。当前,随着民族地区现代化进程的加快,各民族传统服饰的消失也在加快,特别是交通较为便利的地方,传统服饰已不复见。壮族是世界上最早发明铸造和使用铜鼓的民族之一,历经 2000 多年不断传承,直到现在,壮族民间仍在使用,仅河池一带的壮族民间就保存有 1000 多面铜鼓,被誉为活着的铜鼓文化。但由于铜鼓的铸造工艺已经失传而不可再造,随着铜鼓的不断使用破损,其数量也在日趋减少。

7. 其他

记录民族民间传统文化的手稿、经卷、典籍、碑刻、契约、谱牒、楹联及其他文献资料以壮族为例,民间有古壮字记录的古籍文献和汉文记录的古籍文献。壮文古籍文献分为古籍类、文书类、碑刻类和木刻类。其中古籍类又分为民间宗教经书如"唱三元""唱莫一""唱莫二""唱布洛陀""唱四帅"

"唱布伯"等;历史古籍如史诗"布洛陀""布伯""郎正造太阳",历史歌"从光绪到民国""中法战争史歌"等;文艺古籍以民歌为主,现存古壮字抄写的民歌仅长诗就有1000多部;科技古籍如壮医药古籍,用古壮字记录的壮药有2000多种,民间诊、疗法著名验方300多种,壮族医书多编成壮歌,用古壮字抄写,还有"铜源经""造房经""农事歌"等讲述天文历法、金属冶炼、建筑和农业生产的科技古籍;壮族伦理、哲学思想古籍如《传扬歌》《创世纪》等;古壮文译著如《祝英台之歌》《三国演义》《水浒传》《董永》《孟姜女》等,这些多以刻本、写本、稿本和抄本传世,以手稿和手抄本为主。

　　文书类有讼牒文书如"控告土官歌"等;谱牒文书有族谱、家谱等;信函文书有写在纸上订成歌本的信体长诗,写在特制的扁担上的担歌,写在扇面上的扇歌,写在手帕上的巾歌等,都是用来传递信息特别是传递爱情的。碑刻类有墓碑、住宅碑、山寨碑、路碑、建桥碑、乡规民约碑、寺祠碑、源流碑、诗文碑、功德碑、修路碑、山界碑、岩洞碑等,有古壮字刻写或用汉文加古壮字

刻写的,如上林的"智城洞碑"、宜州的"廖士宽墓门碑"等。汉文化传入壮族地区后,壮族土官和群众开始使用汉字记录壮族社会历史情况的文件材料,形成汉文历史文献,包括文书、碑刻、摩崖等,其中有相当一部分具有丰富的民族民间传统文化内涵。

二、少数民族地区农村文化遗产保护的意义

少数民族文化遗产是中华文明的重要组成部分,是人类文化宝库中的珍贵遗产。在今天这样一个高速发展的时代,如何抢救和保护少数民族文化是一个历史性的大课题,也是全世界的大挑战。如果不加紧抢救、保护民族遗产,遗产就会渐渐消失,失去熠熠闪光的价值。因此,要加快我国非物质文化遗产的保护立法,尤其是细化的分类体系,其保护重点是少数民族即将消失的文化。国家应进一步将遗产保护的财政投入投向民族地区濒危文化抢救与保护。构建国家级、体系化的少数民族文化数据库,以文字实录、录音录像等多种技术手段,多维存录民族文化生态资料。各民族自治区域应制定文化抢救方案和保护体系,有目的地选择一些少数民族自治区域作为文化保护的试点,取得经验进而推广,逐步形成严格、严密的中国少数民族文化保护体系和民族发展的科学模式。

在农村文化保护中,应关注重要民族遗产形式的存在与消弭、小民族的迁徙与壮大历程、民间技艺传承人的生存方式与消亡等。努力做到:第一,随时关注和普查,发现危机即刻开展抢救性记录、调查,存放博物馆予以整体保存;第二,组织高层次、多部门的联合考察活动,请多学科专家联合攻关研究、探索现代化进程中文化保护与经济发展的关系、传统文化与现代文化融合发展的路径,以使民族文脉得以循序进展;第三,设立"国家农村文化和少数民族文化抢救基金",对危亡、失传、故去、仅存等农村和少数民族遗产进行投资抢救;第四,在全国各地学校中开设有关我国各少数民族文化遗产及重要特征的课程,增进民族间文化的互相了解,提升全民族文化自觉

水平。

少数民族民间传统文化是我国各族人民在漫长的社会历史实践中,经过世代努力和发挥聪明才智创造的宝贵财富,它源自于中华民族悠久的文化积累,又根植于中国特色社会主义建设的伟大实践。优秀的民族民间传统文化是一个国家、一个民族发展的根基和力量的源泉,也是发展先进文化的重要基石。保护和发展民族民间传统文化,是维护和加强民族团结的重要保证,也是全面建设小康社会、培育和弘扬民族精神,实现中华民族伟大复兴的需要。

我国政府很重视少数民族文化的保护,投入了很多资金,成绩非常显著。有很多证据可证明,如国家民委副主任丹珠昂奔就谈道:"中国政府历来高度重视少数民族文化事业的发展,制定和实施了一系列法律法规和政策措施,从各个方面帮助少数民族发展文化事业,取得了显著的成绩。一是重视少数民族文化机构和设施建设。二是大力抢救、保护少数民族文化遗产。三是重视少数民族文化人才的培养。四是鼓励、扶持少数民族艺术创作。五是尊重和保护少数民族使用和发展本民族语言文字的权利。六是充分尊重少数民族的风俗习惯。七是组织开展了形式多样、内容丰富的文化活动,大力促进少数民族文化的对内对外交流。"

有关专家认为,政府还需在几个方面加大力度:一是政府在民族文化保护的经费投入上逐年增加;二是加强立法,在政策法规上逐步加强保护;三是对少数民族地方政府官员的考评要把保护文化列入项,对文化保护不力的不合格。关于民族民间传统文化保护问题目前已引起国家的高度重视,全国人大常委会正在起草《中华人民共和国民族民间传统文化保护法》。各地也十分重视通过立法来保护本地的民族民间传统文化,云南、贵州、福建、广西四省、区已制定并颁布实施了本省的《民族民间传统文化保护条例》。其他一些省、自治区也在着手进行这项立法的准备工作。

就广西而言,广西是一个有壮、汉、瑶、苗、侗、仫佬、毛南、回、京、彝、水、仡佬12个民族聚居的自治区,其中,壮族是我国人口最多的少数民族。在长期的历史发展过程中,广西各民族形成了相互依存、共同发展的关系,创造了丰富多彩、特色鲜明的民族民间传统文化,为丰富和发展中华民族文化做出了贡献。开展民族民间传统文化保护工作,对维护广西的民族团结,推进三个文明建设,全面建设社会主义小康社会,具有重要意义。

但是,由于认识不足、重视不够,法律保障不力,保护机制不完备以及现代文明和外来文化的冲击,我国的民族民间传统文化面临着十分严峻的生存和发展形势,主要表现为:(1)民族民间文化资源消失日趋加剧,各民族独具特色的传统生产工艺、节庆、礼仪、服饰、文学艺术有的已经或者正在消失;(2)一些民族民间传统文化后继乏人,面临失传的危险;(3)损害民族民间传统文化的知识产权,滥用、歪曲民族民间传统文化的现象时有发生;(4)保护经费不足,保管设施落后,专业人才外流,保护工作难以展开;(5)文化资源流往国外。鉴于民族民间传统文化具有不可再生性,一旦受到破坏,就将永远消亡。因此,加快民族民间传统文化保护的立法步伐、建立完备的民族民间传统文化保护的法律制度,是当前面临的重要和紧迫的任务。

1. 少数民族文化遗产为我们提供良好的精神大餐

少数民族文化为人们提供良好的精神大餐,促进和谐社会的构建。我国经济的发展使社会发生了一个重要的变化,少数民族地区虽然经济相对落后,仍有不少贫困地区,但也都解决了温饱问题。国家统计数字可以较好说明人民生活的改善:"2005年末全国总人口为130756万人,比上年末增加768万人,全年农村居民人均纯收入3255元,扣除价格上涨因素,比上年实际增长6.2%;城镇居民人均可支配收入10493元,实际增长9.6%。农村居民家庭恩格尔系数(即居民家庭食品消费支出占家庭消费总支出的比重)为45.5%,城镇居民家庭恩格尔系数为36.7%。按年人均纯收入低于683元的标准,年末农村贫困人口为 2365 万人,比上年末减少 245 万人;按年人均纯收入 684~944 元的标准,年末农村低收入人口为 4067 万人,比上年末减少 910 万人。"

解决了温饱的人民大众追求什么? 北京大学社会学系教授郑也夫认为:以往建立在温饱未解决之上的价值观和人生观面临最严酷的挑战,温饱解决后的空虚,如何填补生活意义的真空成为人们的大问题。两股力量在力争填补这个空白,其一是商人,通过推动消费营造以消费为核心的人生观;其二是理论家,快乐哲学派认为人们的主要动机是追求快乐,人们要追求快乐填补空虚。如华人经济学家黄有光就持这种观点,他认为不是有钱就一定快乐,不是一切经济举措都可以给我们带来快乐。改善空虚的办法是使精神充实起来。郑也夫回顾历史上提早获得物质满足的贵族走过的道路,认为出路不过两条:堕落或者升华。前者,依赖于性、药物、毒品上瘾;后者,开发深度游戏,在棋牌、艺术、科学探索等游戏中追求心灵的丰富。游戏是我们最好的选择,很可能也是我们最终的依赖。它是良性的刺激,是可持续的刺激。

少数民族文化如歌舞等精神文化是改善温饱解决后空虚的良好资源。民族歌舞有这些特点:各民族有自己独特的歌舞,品种繁多、风格鲜明;民族人民参与度高、人数多、进入门槛低;可抒发人们的感情,减轻人们的忧愁与空虚,获得精神的满足。这些特点完全符合良好游戏的条件,它可为人们提供良性、可持续的刺激,改善人们在解决温饱后产生的空虚状况,从而促进人们之间的和谐,有利于构建和谐社会。

2. 少数民族文化有利于保护生态环境

少数民族文化还有一个优势是:各少数民族风俗风情虽各有不同,但有一个共同处——人民生活简朴快乐,大多喜欢歌舞,能够以很少量的资源消耗获得极大的快乐。按经济学的说法是以最小的成本得到最大的快乐满

足,符合生活经济原则。这是较发达地区做不到或者说是遗失了的文化传统。这种文化传统使少数民族文化成为稀缺资源,也使少数民族地区为全国的生态环境保护做了很大贡献。应该充分肯定并大力宣传少数民族的这种优秀文化,提倡生活经济原则,对节约资源,减少消耗,使人民以较少的成本得到较大的快乐,对克服商人提倡的消费文化,对保护生态环境,维持可持续发展都有重大的理论和实践意义。

三、少数民族地区农村文化遗产保护的原则与措施

(一)少数民族农村文化遗产保护的原则与思路

中国民族语言学会会长、中国社会科学院民族学与人类学研究所博士生导师孙宏开教授提出:"成立中国语言资源联盟,通过现代的计算机技术对濒危少数民族语言进行保存和抢救。比如,可以用计算机对采集的数据进行分析,这样可以大大提高效率;此外,还应该用录音、录像等现代化手段对语言进行保存。"

　　从立法的角度看,民族民间传统文化的保护应把握好四个原则:一是"保护为主,抢救第一"的原则,特别强调对原生态的民族民间传统文化的抢救与保护;二是以政府行为为主的原则,强调各级人民政府在这项工作中的组织、管理和政策引导作用;三是收集、整理、研究与展示相结合的原则,使保护工作与发展工作互相促进,互相推动;四是开发与保护相结合的原则,强调在保护的基础上对民族民间传统文化资源进行合理有效的开发利用,推动民族民间传统文化与旅游相结合,充分发挥民族民间传统文化在当地经济社会发展中的作用。

　　(二)推动建立少数民族农村文化遗产保护性法规

　　民族民间传统文化保护立法的依据是:《中华人民共和国宪法》《中华人民共和国民族区域自治法》以及其他相关法律、法规。以《广西壮族自治区民族民间传统文化保护条例(草案)》[以下简称《条例(草案)》]制定为例,民族民间传统文化保护立法的主要内容是:以政府为主导,充分调动各方面的力量,通过分级分类建立民族民间传统文化保护名录,利用民族文化生态保护区、民族民间文化艺术之乡和命名民族民间文化传承人、传承单位等形式,运用法律手段,抢救、保护、利用民族民间传统文化。

《广西壮族自治区民族民间传统文化保护条例(草案)》共分七章四十七条:第一章,总则,规定条例(草案)的制定依据,民族民间传统文化包括的内容,保护民族民间传统文化应遵循的原则和社会各有关方面对民族民间传统文化保护的义务等,共八条;第二章,抢救与保护,明确在抢救、保护中必须遵守的规定,共五条;第三章,传承与命名,规定了广西壮族自治区民族民间传统文化传承人、传承单位、民族民间文化艺术之乡、民族文化生态保护区的命名、建立的条件,共十条;第四章,管理与利用,规定了民族民间传统文化开发利用的管理办法,共十条;第五章,保障措施,规定民族民间传统文化保护经费的筹集、使用以及民族民间传统文化的传承和教育,共六条;第六章,法律责任,共六条;第七章,附则,规定民族民间传统文化保护与实施相关法律、法规的关系及本条例实施的时间。

(三)加强少数民族农村文化遗产保护的措施

党和政府对少数民族文化保护与发展的领导和引导是关键,广泛地发动社会力量,特别是少数民族地区人民的参与也至关重要,依靠少数民族人民,发挥他们的智慧,尊重他们的信仰与风俗习惯,尽可能利用少数民族群众组织的力量。具体可考虑如下的措施:

1. 实行民族农村文化遗产保护名录制

根据广西《条例(草案)》的规定,县级以上人民政府文化行政部门应组织本行政区域内的民族民间传统文化的普查、搜集、整理和研究,建立民族民间传统文化保护档案。在此基础上,实行分级保护制度,建立民族民间传统文化保护名录。设区的市级以上民族民间传统文化保护名录的标准,由自治区人民政府文化行政部门会同有关部门,征求设区的市、社会团体和专家意见后制定,经自治区民族民间传统文化保护专家委员会评审后,报自治区人民政府批准施行。

2. 建立民族文化生态保护区

我们应该命名民族民间传统文化传承人、传承单位、民族民间文化艺术之乡,建立民族文化生态保护区。为了肯定一些优秀的民间艺人、团体对保护民族民间传统文化所做的贡献,也为了鼓励更多的民间艺人、团体为传承和发展民族民间传统文化而努力工作,在广西的《条例(草案)》中做出了命名"广西壮族自治区民族民间传统文化传承人、传承单位"的规定。为了强化民族民间传统文化保护,在广西的《条例(草案)》中做出了命名"广西壮族自治区民族民间文化艺术之乡"和建立"广西壮族自治区民族文化生态保护区"的规定。

3. 走文化与经济相融合的经济发展之路

充分利用少数民族自然生态与文化资源的优势,寻找民族文化的保护与经济发展的契合点,走文化与经济相融合的经济发展之路。

我国有 55 个少数民族,每个民族都有自己独特的物质文化与精神文化,独特的风俗风情等对现代快节奏社会生活中的人们是非常有吸引力的。有些少数民族地区有良好的生态资源,灵山秀水的生态环境,这在一些沿海发达地方不容易找到。这些为寻找民族文化保护与经济发展的契合点提供了条件。充分利用这些优势,可在如下方面进一步深入探索:

第一,把文化开发与发展旅游融合进行,增强少数民族的经济意识,把浓郁的民风、民俗、民族风土文化推向市场,采取政府主导、企业主办、市场运作的方式,解决好如何引进民营资本进入文化文物的保护及开发利用,把少数民族民间艺术变成财富,把传统的少数民族文化与现代经济发展有机地结合起来,并逐步发展成为文化经济的支撑点。合理开发旅游,促进优秀的传统文化得到发掘、保护,民族文化的精华得到提炼、弘扬和发展,使现代旅游业与少数民族社会契合,促进经济社会的可持续发展。但不合理的旅游开发会给旅游地的民族文化带来许多消极影响和负面效应,如民族文化的同化、庸俗化等。经过对少数民族文化的细致分析、科学规划、适当管理,可以使现代旅游业与少数民族社会"嫁接",使其越过工业化过程,而直接进入符合生态理念的后工业化社会。

第二,把文化开发与文学及影视、网络等现代传媒形式结合起来,开发更多的少数民族风俗、生活方式、原生态音乐、舞蹈,制成电影、电视等产品,出版更多有关少数民族文化题材的文学作品。利用文学艺术的吸引力、歌舞的流行性、音像制品的生动性让更多的人了解少数民族文化,激发他们对少数民族文化的热爱,使更多的人支持甚至投资少数民族文化的保护与发展。

第三,学校教育要把传承民族文化作为教学内容,加强对民族文化的研究力度。保护民族民间文化要从教育入手,要建立民族民间文化生存、传承和发展的土壤,必须让民族民间文化进入课堂,特别是要在少数民族地区开设相关的课程,在民族地区坚持双语教育制度,把民族歌舞作为教学内容之一。逐步增加文化保护的投入,加强民族文化的研究力量,推动民族文化保护的进一步立法进程。不少专家都有类似的意见。如云南政协委员石锐认为:"恢复被取消的少数民族语言专业,在民族地区坚持双语教育制度;建立云南民族语言数据库,对云南濒危的十多种少数民族语言进行保护;尽快收集濒危民族语言的有声资料,对它们进行保存和深入研究;重视研究跨境民族的语言文化交流和发展问题,让跨境民族语言成为中国与东南亚经济文化交流中的重要桥梁。"

4. 使遗产保护工作的经费来源多元化

广西《条例(草案)》规定,各级人民政府负责本行政区内的民族民间传统文化保护工作,将民族民间传统文化保护工作列入本级国民经济和社会发展计划,纳入城乡规划,所需经费列入本级财政预算。县级以上人民政府应当在本级财政预算中安排民族民间传统文化保护专项资金。对专项资金的使用范围也做了明确的规定,同时应积极吸纳社会资金。

关于保护经费问题,国家文化部、财政部联合下发的《关于实施中国民族民间文化保护工程的通知》中明确要求:"地方各级财政部门要将保护工程纳入财政预算,给予经费保障。""中央财政设立保护工程专项资金","各地也应设立相应的专项资金。同时,积极吸纳社会资金。"民族民间传统文化保护是一项功在当代、利在千秋的事业,它是各级政府义不容辞的重要责任。它涉及面广、工作量大,在经费上需要各级政府给予保障。

中国有56个民族,每个民族都有独特的文化。但是,"在文化遗存相对丰富的少数民族聚居地区,由于人们生活环境和条件的变迁,民族或区域文化特色消失加快。"如湖北的土家吊脚楼是一项世界文化遗产,土家吊脚楼脊上的堆瓦、挑檐是民族建筑中的一大精华,而如今为了装饰新农村景观,而用封火墙去遮堵吊脚楼,在吊脚楼上垛白脊、贴瓷砖,专家对这种做法痛心疾首。又如畲族村寨应是一个有少数民族服装与语言的世外桃源,然而现在的浙南畲族居住地已是一个基本汉化的少数民族居住地。如今,一些民族语言,如苏龙语、普标语、赫哲语、塔塔尔语、满语、达让语、畲语、仙岛语、阿侬语等,懂且使用的不超千人。前不久由于最后一个鄂伦春人迁徙到农区定居和生产,鄂伦春族的狩猎文化戛然而止。这些形成于成百上千年的民族文化板块正在松动和瓦解①。

目前对新农村建设宣传很多,但对于建设过程中的文化遗产保护宣传力度不够。没有把保护文化遗产的内容纳入社会主义新农村建设的总体规

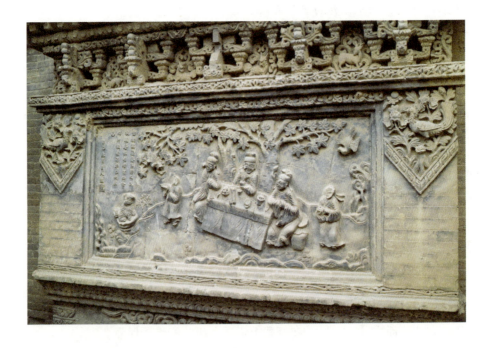

---

① 张爱武:《土家吊脚楼营造技艺及其传承与保护研究——以兴安村为例》,2012 年中南民族大学硕士论文。

划中,没有考虑民族文化的传承问题,造成了乡村、民族和地域特征的丧失。随着社会主义新农村建设中的农田改造、水利、道路等基础设施建设、农民生活设施建设以及村容整治等项目的全面展开,如不及时进行合理规划,必将对中国的农村文化遗产保护构成威胁。

5. 加大宣传保护民族文化遗产的力度

更深入了解文化对经济的极大与持久的推动作用,认识到文化也是生产力。加大宣传在开发中更好地保护文化的力度,动员全社会关注民族文化的保护与开发,让当地群众知道文化创造利润,认识到加强对民族文化保护与开发的力度,既有利于少数民族地区经济的创新和持久的发展,又有利于少数民族地区和谐社会的创建,也有利于加强少数民族地区与整个国家的和谐相处,减少社会发展的成本。这就是在开发中利用文化,在利用的同时加强保护,这样文化的保护和利用就能结合得好,政府制定的法律、法规就能落到实处。

国家民委副主任丹珠昂奔的观点很有说服力："经济发展是个基础,假如经济发展得好,可以给文化发展提供有利的物质保障;但是文化发展得好,同样也可以对经济的发展起到促进和推动的作用。所以,这两者是完全可以协调发展的。在民族地区,这两者的发展缺一不可,不可偏废。民族地区经济比较落后,经济比较落后这是个事实,很多民族地区还是比较困难的。但是从文化上看,文化资源比较丰富,而且这个文化资源同时是很多民族地区的优势资源。假如我们充分地利用这个优势资源,使得它发展起来,就有可能成为新的经济增长点,甚至可以成为支柱产业,关键是我们怎么去利用和操作。这样的例子有很多,比如说云南的丽江、四川的九寨沟,通过以文化为基础,大力地推进第三产业,尤其是旅游业的发展,取得了很好的成效。"

民族传统文化是一种维系民族文化生存的重要力量,在现代化进程中,少数民族文化传统中的某些不符合社会发展规律、不能保持自然生态平衡和社会和谐的因素被舍弃,被新的社会文化所改造,这很正常。但应充分认识到少数民族文化的价值,认识到它对消除人们的空虚与无聊、对保护生态环境的重大作用,强化各少数民族的文化特色,使其保持活力和可持续发展,同时包容外来文化,与其他文化和谐相处,共同发展,为人们提供快乐资源,为构建和谐社会做出更大的贡献。

民族服装服饰及其工艺日渐式微;由于没有相关的保护法规,古董贩子乃至外国人在少数民族地区肆意廉价地搜寻宝贵的文化遗存;愈来愈多的年轻一代外出打工,远离自己熟悉的传统,比如少数民族聚居的贵州黔东南地区,大约30万年轻人到江浙一带打工,他们的文化兴趣逐渐被流行文化"化"了;不少地方听唱史诗的,已经不是本民族的年轻人而是一批批的旅游者;学校教育很少有民族文化内容,青年人对自己的文化传统缺乏必要的知识,缺少应有的感情;杰出的民间文化的传人大多人老力衰,或相继去世,很多经典文化无人传承。

6. 继续推进民族民间文化遗产的普查整理工作

由日本政府资助,由中国民协与联合国教科文组织北京办事处组织实施的"中国少数民族无形文化遗产保护项目——民歌保护行动"取得了很显著的效果:采访了 10 个民族的 235 名歌手,录制民歌 385 首,录音 42 小时,录像 57 小时,后期制作 50 分钟宣传片和长达 420 分钟的民歌精选片。考察组对当地少数民族的分布、少数民族民歌的储藏、少数民族民歌的流传方式、歌手的情况等进行了全面的调查了解,为丰富和充实中国民间文化遗产数据库建设提供了重要的第一手资料和文献,也为充分发掘中国民歌文化内涵进行了有益的探索和尝试。这次考察采录与联合国教科文组织通力合作,按照科学的田野调查方式,采用现代视听技术,记录、整理时采取了民族语言、汉语、英语、国际音标标注和互译的方式。保存了歌手演唱时的原始风貌,便于科学研究和大范围的交流。

参考文献

一、文件类

1. 中共中央和国务院:《关于推进社会主义新农村建设的若干意见》(中发〔2006〕1号),2005年12月31日。

2. 国务院:《国务院关于加强文化遗产保护的通知》(国发〔2005〕42号),2005年12月22日。

3. 国务院办公厅:《国务院关于开展第三次全国文物普查的通知》(国发〔2007〕9号),2007年4月4日。

4. 胡锦涛:《中共中央关于深化文化体制改革推动社会主义文化大发展大繁荣若干重大问题的决定》,2011年10月。

5. 陕西省政府:《关于贯彻落实国务院通知精神加强文化遗产保护工作的实施意见》,2006年9月。

6. 福建省政府:《福建省"福建土楼"文化遗产保护管理办法》,2006年9月20日。

二、著作类

1. 单霁翔:《留住城市文化的"根"与"魂"——中国文化遗产保护的探索与实践》,科学出版社2010年版。

2. 单霁翔：《城市化发展与文化遗产保护》，天津大学出版社 2006 年版。

3. 单霁翔：《从"文物保护"到"文化遗产保护"》，天津大学出版社 2008 年版。

4. 单霁翔、刘伯英主编：《中国工业建筑遗产——调查、研究与保护》，清华大学出版社 2001 年版。

5. 汪欣：《传统村落与非物质文化遗产保护研究》，知识产权出版社 2014 年版。

6. 张铭欣：《文化遗产保护与区域社会发展研究——以吐鲁番地区故城遗址为例》，民族出版社 2012 年版。

7. 陈耀华：《中国自然文化遗产的价值体系及其保护利用》，北京大学出版社 2014 年版。

8. 邵甬：《法国建筑·城市·景观遗产保护与价值重现》，同济大学出版社 2010 年版。

9. 王文章：《非物质文化遗产保护研究》，文化艺术出版社 2013 年版。

10. 张杰、吕舟：《世界文化遗产保护与城镇经济发展》，同济大学出版社 2013 年版。

三、论文类

1. 冯骥才：《文化遗产日的意义》，《中国文物科学研究》2006 年第 3 期；《光明日报》2006 年 6 月 15 日。

2. 李冈原：《意大利历史文化遗产保护刍议——以威尼斯为个案》，《浙江传媒学院学报》2007 年第 4 期。

3. 顾军：《法国文化遗产保护运动的理论与实践》，《江西社会科学》2005 年第 3 期。

4. 吴凌鸥：《日本文化财保护体系解析》，《黑龙江教育学院学报》2009

年第 6 期。

5. 林熠:《新农村建设中的文化遗产保护与文化创新》,《天津行政学院学报》2006 年第 4 期。

6. 蔡武:《为〈世界遗产〉杂志撰写的卷首语》,《世界遗产》2011 年第 1 期。

7. 刘歆:《新农村建设中古村落文化遗产保护问题研究》,《河北工业大学学报》2010 年第 6 期。

8. 孟英:《浅析古村落的保护与发展对策——以江苏省镇江市丁岗镇葛村为例》,《城市建设理论研究》2012 年第 38 期。

9. 王海涛:《新农村建设中加强乡土建筑保护之初探》,2009 年"全国乡土建筑的评估与保护学术研讨会暨 2009 建筑史年会"论文。

10. 夏海燕:《孝感市周边地区乡土建筑保护与研究》,《工程建设与设计》2012 年第 8 期。

11. 喻学才:《我国当前文化遗产保护存在的八大难题》,《旅游学刊》2005 年第 5 期。

12. 施琦:《试论古村落旅游可持续发展的对策》,《农业考古》2008 年第 3 期。

13. 于春敏:《论新时期农村文化遗产保护的困境与对策》,《广西师范大学学报》2010 年第 4 期。

14. 黄锡生:《论新文物保护法的制度创新及其立法完善》,《江汉大学学报》2004 年第 2 期。

15. 贺学君:《关于非物质文化遗产保护的几点理论思考》,《江西社会科学》2005 年第 2 期。

16. 萧放:《关于非物质文化遗产传承人的认定与保护方式的思考》,《文化遗产》2008 年第 1 期。

17. 黄永林、谈国新:《中国非物质文化遗产数字化保护与开发研究》,《华中师范大学学报》2012 年第 2 期。

18. 程乾、凌素培:《中国非物质文化遗产的空间分布特征及影响因素分析》,《地理科学》2013 年第 10 期。

19. 王明明、谢春红:《文化遗产保护科研领域开放合作机制研究》,《科技管理研究》2010 年第 19 期。

四、学位论文

1. 王涛:《建筑遗产保护管理模式研究——关于中国当代建筑遗产保护管理技术中的若干问题》,东南大学 2005 年博士学位论文。

2. 石森昌:《机会评价理论与方法研究》,天津大学 2011 年博士学位论文。

3. 曹楠:《城市建成区内大遗址保护与城市建设之间的关系——以大辛庄遗址保护为例》,西北大学 2010 年硕士学位论文。

4. 杨倪:《论法国历史文化遗产的保护》,浙江大学 2006 年硕士学位论文。

5. 刘华领:《可作为文化遗产的古村落保护与旅游开发研究》,华中科技大学 2004 年硕士学位论文。

6. 李连璞:《遗产型社区属性剥离与整合模式研究——历史文化名村:文化旅游可持续发展》,西北大学 2008 年硕士学位论文。

9. 林冬娜:《岭南历史村镇的特色与保护》,华南理工大学 2004 年硕士学位论文。

10. 王运良:《中国"文物保护单位"制度研究》,复旦大学 2009 年硕士学位论文。

11. 张云峰:《黑龙江省建设农村公共文化服务体系研究》,东北农业大学 2010 年硕士学位论文。

12. 王涛:《建筑遗产保护管理模式研究——关于中国当代建筑遗产保护管理技术中的若干问题》,东南大学 2005 年硕士学位论文。

13. 林卫荣:《栖霞棒槌花边保护开发探讨》,山东大学 2008 年硕士学位论文。

附件 1

国际文化遗产保护法律研究

1.《武装冲突情况下保护文化财产公约实施条例》(1954 年 5 月 14 日)

联合国教科文组织于 1954 年 5 月 14 日在海牙通过《武装冲突情况下保护文化财产公约》(以下简称《公约》)。制定该公约的初衷是考虑到武装冲突中文化财产遭受到严重损害,且由于作战技术的发展,其正处在日益增加的毁灭威胁当中,而此《武装冲突情况下保护文化财产公约实施条例》(以下简称《实施条例》)主要是对《公约》原则性规定的具体化。《实施条例》规定各缔约国首先应提名本国有资质履行文化财产的人员名单,教科文组织根据提名编制一册文化财产专员官长的名单。缔约国也要任命本国的文化财产责任人代表。与缔约国发生冲突的另一方应由代理保护国派代表来完成文化财产保护工作。一旦发生武装冲突,文化财产保护工作由专员官长,驻在国代表和代理保护国代表共同完成。其中官员官长对文化财产的保护具有决定权和任命权,如果文化财产需要紧急转移或保藏,专员官长可以任命视察员负责保藏、运输和监督工作。在文化财产处于另一国领土期间,该国应为该文化财产的保管者,并应给该项财产以与自己文化财产相同的爱护。保管国只应在冲突终止时返还该财产,返还应于请求返还日起六个月实现。文化财产专员官长、视察员及专家的薪酬费用由所驻国承担,保护国代表的薪酬由保护国承担。对于受特别保护的文化财产应该制定登记册,对于登记的内容若不符合要求,其他缔约国可以提出反对,如果争议无法解决可以提起仲裁,主任仲裁员由国际法院院长任命。已经登记的文化财产应缔约国的请求也可以随时注销。

2.《关于适用于考古发掘的国际原则的建议》(1956 年 12 月 5 日)

联合国教科文组织大会于 1956 年 11 月 5 日至 12 月 5 日在新德里举行第九届会议,建议各成员国应采取为其在各自领土范围内实施《关于适用于考古发掘的国际原则的建议》(以下简称《建议》)所规定的原则和规范。此《建议》主要分定义、总则、关于发掘和国际合作的规则、古物贸易、被占领土内的发掘和双边协议 6 个部分。文中首先明确了考古发掘的定义和受保护财产的范围,并建议尽管各成员国的资金财力和历史传统不同,不能采取统一的组织行动,但这些共同原则仍适用于所有国家的考古机构。建议各成员国中央和地方建立博物馆,并向参观者开放,宣传古遗存的意义,制定开明的政策鼓励有资格的个人及学术团体进行发掘,在缺乏条件情况下,应允许外国考古专家来发掘。对于发掘物首先应用于博物馆的收藏,若某些科学中心同意在规定的时间内向公众开放,则发掘物也可以分配给经授权的发掘者,对于发掘物的研究缺乏条件时,应允许发掘物暂时出口到其他国家的科学研究机构(除了极易损坏的以外),每一个成员国都应采取一切必要措施以防止私自挖掘和非法出口,在武装冲突情况下,占领另一个领土的成员国不得在被占领土上进行任何的发掘,应等战争结束后,连同文献一起交回。

3.《关于保护景观和遗址的风貌与特性的建议》(1962 年 12 月 11 日)

联合国教科文组织考虑到人类在各个时期因原始土地的开发、城市盲目的发展和工商业装备的巨大工程对组成自然环境的景观和遗址的风貌与特征的破坏,特制定《关于保护景观和遗址的风貌与特性的建议》(以下简称《建议》)。该《建议》在第十一届大会已经以国际性文件的形式向成员国建议,并于第十二届会议通过。《建议》分为定义、总则、保护措施、保护措施的实施和公共教育 5 部分。《建议》首先明确了保护景观和遗址的风貌与特征的概念,并在总则中指出保护景观和遗址所进行的研究应适用于一国的全部领土范围,而不局限于某些选定的景观和遗址。为促进各国负责保护景观和遗址的各种公共服务机构的工作,应建立科学研究机构,并将研究成果定期及时刊登在刊物上。对于景观遗址的保护措施应由主管当局进行全面监督,列入城乡规划。编制目录,列出大面积景观区保护目录和零散遗址保护目录。各成员国应建立具有管理和咨询性质的专门机构。在进行大规模的公益工程,诸如修建公路、安装水利技术和新型工业设施等规划的初期,应及时征求这些咨询机构的意见。《建议》还强调对故意损坏景观和遗址的行为应给予行政或刑事处罚。各成员国应促进公共教育,通过学会、机构和信息媒介进行广泛宣传。让民众意识到保护景观和遗址的风貌与特征对于人类的生活至关重要。

4.《国际文化财产保护与修复研究中心章程》(1963 年 4 月 24 日)

《国际文化财产保护与修复研究中心章程》(以下简称《章程》)是 1963 年 4 月 24 日在国际文化财产保护与修复研究中心全体大会第二次会议上通过的。本《章程》的第七条第二款和第十四条在 1973 年 4 月 12 日的全体大会第七次会议上做修改。国际文化财产保护与修复研究中心正式缩名为 ICCROM 是在 1979 年 4 月的全体大会第十次会议上通过的。ICCROM 的主要职责是收集、研究和传播有关保护和修复文化财产的科技资料,同时提出建议和忠告。ICCROM 的组织里面有会员和联系会员。ICCROM 的机构里面有全体大会、理事会和秘书处。ICCROM 的会员由联合国教科文组织成员国组成。联席会议可以是联合国教科文组织成员国的公共和私人科学研究机构，由 ICCROM 理事会三分之二同意。或者是非联合国教科文组织成员国的公共或私人科学研究机构，经教科文组织执行委员会的推荐，并经 IC-CROM 理事会三分之二同意。ICCROM 的全体大会由 ICCROM 的成员国代表组成。大会每两年召开一次常规会议，也可以由理事会召开非常规会议。大会的职责是决定 ICCROM 的政策，选举理事会理事，研究批准理事会的报告，监督 ICCROM 的财政情况。理事会是由大会选举的理事和特别成员组成，特别成员包括一名联合国教科文组织总干事的代表、一名意大利政府代表、布鲁塞尔皇家艺术遗产研究所所长、罗马修复中心主任、一名国际博物馆协会的代表和一名国际古迹遗址理事会代表。全体大会选举的理事应从保护和修复文化财产方面的专家中挑选，并公正的代表世界主要文化区域，具有不同国籍。理事任期两年，可以连选连任。理事会的职责是贯彻全体大会的决定和指示。根据理事长的建议起草预案，检查和批准理事会会长的工作计划。秘书处应由主任和 ICCROM 所需要的某些职员组成。主任有理事会提名，全体大会任命。秘书处的其他成员由主任任命。ICCROM 的会员和联系会员应该定期缴纳会费。如果连续两年或四年不缴纳会费，将分别被暂停或撤销其会员和联系会员的资格。本《章程》的修正案应经出席全体大会并参加投票的会员国以三分之二多数通过。任何会员国可在其加入期满两年后提出退出 ICCROM 的声明。

5.《国际古迹保护与修复宪章》(1964 年 5 月 25 日)

《国际古迹保护与修复宪章》是 1964 年 5 月 25 日在威尼斯召开第二届历史古迹建筑师及技师国际会议上通过的。这次会议是由历史古迹建筑师及技师召开的，主要提出古迹保护的重要性，虽然 1931 年的雅典宪章对于古迹保护第一次做出国际性规定,但都是原则性的,这次是重新审阅宪章,对这些原则性的规定进行细分。全文共分定义、宗旨、保护、修复、发掘和出版6个部分。在定义上扩大了历史古迹的范围,认为历史古迹的要领不仅包括单个建筑物,而且包括能从中找出一种独特的文明,一种有意义的发展或一个历史事件见证的城市或乡村环境。这不仅适用于伟大的艺术品,而且适用于随时光逝去而获得文化意义的过去一些较为朴实的艺术品。国际古迹保护的宗旨是把它们作为历史的见证,保护最重要的一点是日常维护,并提出以社会公用为目的的使用行为是有利于古迹保护的。对古迹的保护不允许有任何导致改变主题和颜色的新建、拆除或改动。在修复的时候任何的添加都应与建筑物有区别,并做现代标记。对于古迹建筑物缺乏部分的修补要与整体保护和谐,但同时必须区别原作。对于古迹建筑物不能有任何的添加,除非它们不致贬低该建筑物的原有风格和价值。对于古迹建筑物的发掘要求按照联合国教科文组织 1956 年通过的考古发掘国际原则的建议

进行,并强调任何的重建都应制止,只允许重修。最后指出对于任何保护和修复工作应配以插图、照片和评论报告来做记录,并将此记录存放到档案馆内,使研究员能够查到,还建议将记录出版发行。

6.《关于保护受到公共或私人工程危害的文化财产的建议》(1968 年 11 月 19 日)

《关于保护受到公共或私人工程危害的文化财产的建议》(以下简称《建议》)是 1968 年 11 月 19 日在巴黎召开联合国教科文组织大会第十五届会议上通过的,《建议》主要是考虑到城市发展建设当中建设工程对历史古迹的破坏,特要求各成员国从立法、财政、行政等方面采取措施。此《建议》共分定义、总则、保护和抢救措施、立法、财政、行政措施、处罚、修缮、奖励、教育计划 10 个方面,在定义中比以往有了新的扩展,指出文化财产也包括此类财产周围的环境。总则当中强调,文化财产的保护措施应广泛应用于成员国的全部领土,而非只在某些古迹或遗址部分,并对此类财产进行全面调查,

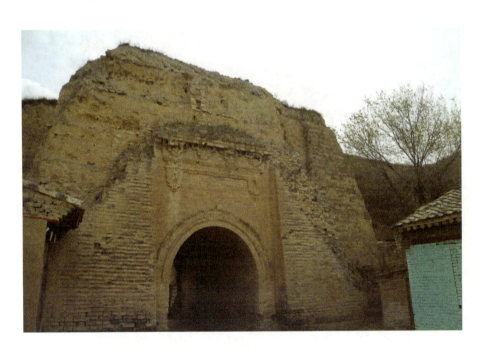

建立清单。在采取保护措施时要根据文化财产的特点、大小和位置而有所不同,并且有预防性和矫正性。如果在城市扩建和更新工程中能"就地保护"的应"就地保护",确实需要迁移的不太重要的建筑物,应当选择安置在与其原来位置、自然、历史或艺术方面相似的环境中,并且在迁移的过程中做好详细的记录。在抢救行动中进行具有科学和历史价值的研究记录应予以公布,或以其他方式提供给人们,供今后研究使用。《建议》最后强调任何建设工程应在初步勘查阶段多准备几个方案,抢救措施应在建设工程之前进行。《建议》还规定了处罚、奖励、教育等方面的内容,并提倡博物馆和教育机构应就遭到破坏的文化财产以及抢救措施筹办展览。

7.《保护考古遗产的欧洲公约》(1969 年 5 月 6 日)

《保护考古遗产的欧洲公约》(以下简称《公约》)是欧洲理事会于 1969 年 5 月 6 日在伦敦通过的。《公约》的签订目的是捍卫并实现作为其共同遗产的理想与原则而取得更大团结。通过 1954 年 12 月 19 日在巴黎签订的欧洲文化公约以后,理事会成员国更加确信考古遗产对于了解各国文明的历史至关重要。同时考虑到保护遗产的第一步应该将最严格的科学方法应用于考古当中,避免非法发掘造成的不可弥补的损失,特制定本《公约》。本《公约》全文共 14 条。第一条规定了考古物的定义,要求各成员国承允采取保护措施,禁止非法发掘,将发掘的特别许可权委托给有资格的组织或个人。并保证对所获结果的控制与保护。要求成员国建立考古物博物馆和科学研究机构,并通过教育让人们了解文明历史的价值和不加控制的发掘造成的威胁。要求成员国尽其权限所及来保证能够获知任何被怀疑是非法发掘或非官方发掘的出售物以及细节,确保受官方控制的博物馆及其他类似机构取得非法发掘或非官方考古物。同时也要控制非法发掘物的流通,但本《公约》的保护措施不能影响考古物的合法贸易。

8.《关于禁止和防止非法进出口文化财产和非法转让其所有权的方法的公约》(1970 年 11 月 14 日)

《关于禁止和防止非法进出口文化财产和非法转让其所有权的方法的公约》(以下简称《公约》)是联合国教科文组织于 1970 年 11 月 14 日在巴黎召开的第十六届大会上通过的。大会考虑到 1964 年的第十四届大会通过了这个建议,第十五届大会决定制定这一公约,第十六届大会通过了此公约。本《公约》首先承认文化财产的非法进出口和所有权的非法转让是导致文化财产枯竭的主要原因之一,并承认各国之间的合作是爱护各国文化财产、免遭由此产生的各种危险的最有效的方法之一。本《公约》不仅对文化财产做了定义,还具体列出 11 大类,并特别强调居住在缔约国领土内的外国居民或无国籍人的文化财产也应受到同样的保护。本《公约》规定缔约国应设置保护文化财产的国家机构,配备合格的工作人员,协助制定法律和规章草案。编制严重枯竭的文化财产清单,促进博物馆、图书馆和档案馆等机构的发展,对于文化财产的出口应当经过审批,发放适当证件,采取一些措施防止本国的博物馆、收藏馆等机构获取另一缔约国的非法出口的文化财产,并且也要禁止本缔约国博物馆进口从另一缔约国的博物馆中窃取出来的文化财产。如有此类情况发生,缔约国可以收回并归还进口的此类文化财产,但要求国应向不知情的买主赔偿。如果一个国家被他国占领而被迫出口文化财产或转让所有权被视为非法。本《公约》还要求各成员国为文化财产的保护机构提供足够预算,必要时可以为此设立一项基金。本《公约》要求各缔约国定期向教科文组织大会提交报告。提供他们已经通过的立法和行政规定已经取得的经验资料。

9.《保护世界文化和自然遗产公约》(1972 年 11 月 16 日)

《保护世界文化和自然遗产公约》(以下简称《公约》)是 1972 年 11 月 16 日在巴黎召开的联合国教科文组织第十七届会议上通过的。考虑到文化遗产和自然遗产受到破坏，这样将使全世界遗产结构产生有害影响，并且国家一级的保护不具备充足的科技力量。所以国际社会有责任进行集体性援助，特建立永久有效的制度。在本《公约》中首先定义了文化遗产和自然遗产，并要求各国应建立一个或几个负责文化和自然遗产的保护机构并配备合格人员。将文化、自然遗产纳入国家全面规划的总政策。从法律、科学、技术、行政、财政方面提供措施、建立培训中心，鼓励研究、制定实际办法。缔约国之间可以合作保护，互相帮助。联合国教科文组织建立了一个"保护世界文化和自然遗产政府间委员会"。由 15 个成员国组成，委员会中委员的选举须保证均衡的代表不同地区和不同文化。"国际文化保护与修复研究中心""国际古迹遗址理事会"的一名代表以及"国际自然及自然资源保护联盟"的一名代表可以直接以咨询员的身份参加会议。该委员会在必要时可以邀请公共或个人组织参加会议进行磋商。各缔约国应向委员会递交一份文化、自然资源遗产的清单。委员会依据清单制定出版一份《世界遗产目录》。在必要的情况下，委员会还应出版《处于危险的世界遗产目录》，公布这些受到严重威胁的文化自然遗产。缔约国可以向委员会提交国际援助的申请。委员会接受申请后，根据需要采取的行动做出决定，并对已经援助的文化财产做出目录。委员会还设立了一项保护世界文化和自然遗产的基金，称为"世界遗产基金"。资金来源于成员国的义务捐款和自愿捐款及其他组织的捐款、捐赠和遗赠，并强调对基金的捐款不得带有政治条件。缔约国应定期向教科文组织提交介绍其行动和经验的报告，委员会也应定期向教科文组织的每届常会递交一份报告，介绍其进行的活动。

10.《关于历史地区的保护及其当代作用的建议》(1976 年 11 月 16 日)

《关于历史地区的保护及其当代作用的建议》(以下简称《建议》) 是 1976 年 11 月 26 日在内罗毕召开的联合国教科文组织第十九届大会上通过的。联合国教科文组织注意到整个世界在扩展或现代化的借口之下，拆毁或不合理重建工程正在给历史遗产带来严重损坏,各个成员国当务之急是采取全面而有力的政策,把保护和复原历史地区作为国家和地方规划的组成部分。大会已经通过了《关于适用于考古发掘的国际原则的建议》《关于保护景观和遗址的风貌与特征的建议》《关于保护受到公共或私人工程威胁的文化财产的建议》。此次《建议》希望补充并扩大这些国际文件所确定的标准和原则的使用范围。本《建议》是十八届会议决定的该问题应采取的向各成员国建议的形式,并于此次第十九届会议通过。此《建议》主要从定义、总则、国家地区和地方政策保护措施、研究教育和信息、国际合作6个方面来规定。首先对历史和建筑地区做了定义,也对"环境"和"保护"进行了概念的明确。总则中强调各国政府与公民都应把保护历史遗产作为自己的义务。历史遗址的一部分不管多么微不足道都对整体有着不可忽视的意义。对任何历史地区的修复都应以科学原则为基础,确保历史地区与当代生活和谐一致。各成员国应根据各国的情况制定相关政策,进行立法或采取行政措施,并制定保护历史地区及其周围环境的清单。对整个地区进行一次全面研究,制定一份分析性文件。确定哪些需要精心保护,哪些可以拆除。保护计划应确定被保护的区域和项目,对其适用的具体条件和限制,在维护、修复和改进工作中所应遵守的标准。关于建立城市或农村生活所需要的服务和供应系统的一般条件和关于新建项目的条件,中央和地区当局应确保足够的预算并制定优惠政策。鼓励通过融资机构接受赠款,同时鼓励通过信息媒介增强对保护工作必要性的认识。将对历史地区的研究包括在各级教育之中,邻国之间在保护共同感兴趣并具有本地区历史和文化发展特征的地区应当互相协助。

11.《关于保护可移动文化财产的建议》(1978年11月28日)

《关于保护可移动文化财产的建议》(以下简称《建议》)是1978年11月28日在巴黎召开的联合国教科文组织第二十次会议上通过的。联合国教科文组织考虑到文化财产在运输当中风险的加剧,在没有适当政府担保制度的国家,综合保险费用超出了大多数博物馆能力所及。这成为组织国际展览及不同国家间交流的障碍。因此每一国家有道义责任采取措施,有效预防风险和降低对风险进行保险的费用。本《建议》分定义、总则、建议之措施和国际合作 4 部分。首先对"可移动文化财产"进行了定义和分类列举,并对"风险的预防"和"风险的保险"进行了概念的明晰。总则中强调无论是公共机构的可移动文化财产还是私人机构或个人的可移动文化财产,虽然采取的解决办法可能不同,都应被视为一个整体。任何保护文化财产的责任者都应尽其所能发挥作用,其中公众的合作对于实现有效的保护至关重要。负责宣传或教学的机构应努力向公众灌输文化遗产保护的重要性。《建议》指出保护及风险的预防比发生损坏或丢失而赔偿更重要,因为文化财产不可代替。同时,各成员国应分担部分或全部风险保险的费用,减轻博物馆等组织的负担。博物馆或其他类似机构应采取如下措施进行适当保护:(1)制定详细的目录和分类。(2)视情况鼓励利用当代技术提供的谨慎方法对文

化财产进行标准化鉴定。（3）敦促博物馆通过切实可行的安全措施和技术设施加强风险防范，特别是注意热度、亮度、湿度、污染、各种化学和生物药剂、振荡和震动等方面的影响。（4）向博物馆或类似机构提供必要的资金。（5）鼓励对保护、保存和保安人员进行正规培训。对于私人收藏机构应要求物主编制目录，向物主提供激励措施、协助保护和咨询服务。鼓励有关机构确保文化财产按照最高标准予以运输和包装。防止由于展馆场所的拥挤而导致展品的损坏。简化关于文化财产合法流动的行政手续，在进出口时应该迅速结关。加强对盗窃、非法发掘的行为的制止。特别考虑通过立法设立一种政府担保制度。如有必要，为法律协助和防止犯罪方面缔结国际协议。会同专门国际组织制定本《建议》所涉领域的道德与技术准则。

12.《关于保护与保存活动图像的建议》(1980 年 10 月 27 日)

《关于保护与保存活动图像的建议》(以下简称《建议》)是 1980 年 10 月 27 日在贝尔格莱德联合国教科文组织第二十一届大会上通过的。考虑到活动图像是各国人民文化特性的一种表达方式，并且非常容易遭受损坏，应以

特殊技术条件予以保护,因而应当促进更紧密的国际合作以保护和保存人类活动中那些丢失后的无法弥补的记录。特别要为资源有限的国家着想,特制定本《建议》。《建议》分为定义、总则、建议采取措施、国际合作 4 个部分。首先对"活动图像""预印材料"和"投影拷贝"进行了定义。总则中要求各成员国应把所有的国际活动图像制品视为各自活动图像遗产中不可分割的一部分。应当采取适当措施,尽量利用公立或私立的非营利机构保护或保存。建议采取以下措施:(1)建议成员国的官方认可的档案馆可以得到任何一部分或所有的全国制品,加以保存。(2)如果技术发展尚未达到标准时请各成员国制定原则以确定哪些图像应记录在案和存储,应优先保存那些具有历史价值的活动图像。鼓励外国制作的活动图像交存所在国认可的档案馆,并享有一切权利,成员国应该互相协助,保存作为各国文化遗产组成部分的活动图像,特别是保存尚未拥有适当设施或充足资源的国家的活动图像。并为发展中国家的国民组织有关领域的国家组织培训,同时提供技术支持。当某国丢失其文化或历史遗产组成部分的活动图像时,特别是由于殖民或外国占领造成丢失时,请成员国根据索取这类图像的要求给予合作。

13.《佛罗伦萨宪章》(1982 年 12 月 15 日)

《佛罗伦萨宪章》(以下简称为《宪章》)是国际古遗址理事会与国际历史园林委员会于 1981 年 5 月 21 日在佛罗伦萨召开的会议上决定起草的一份以城市命名的历史园林保护宪章。本《宪章》由国际历史园林委员会起草,由国际古遗址理事会于 1982 年 12 月 15 日登记作为涉及具体领域的"威尼斯宪章"的附件。该《宪章》分为定义与目标、维护与保护、修复与重建、利用、法律与行政保护 4 部分。首先定义了历史园林的概念,指出历史园林是由植物组成的建筑构造,具有生命力,是一个活的古迹,其保护必须根据特定的规则进行。对于历史园林的维护与保护要定期更换树木、灌木、植物和花草的种类(即彻底的砍伐并重播成熟的品种),目的在于确定那些已经长成雏形的品种。在未经彻底研究之前不得对历史园林进行修复,特别是不得进行重建,虽然任何历史园林都是为观光或散步而设计的,但其接待量必须限制在其容量所能承受的范围之内,以便其自然构造物和文化信息得以保存。有关负责当局应采取适当的法律和行政措施,对历史园林进行鉴别、编制目录和保护,并把园林保护规定在土地利用计划的基本框架之中。鼓励民众在适当的控制下接近园林,以及利用宣传媒介树立对园林遗产的尊重之意,并建议将最杰出的历史园林列入世界遗产清单。

14.《保护历史城镇与城区宪章》(1987年10月1日)

《保护历史城镇与城区宪章》(以下简称为《宪章》)经国际古迹遗址理事会全体大会第八届会议讨论并于1987年10月在华盛顿通过。全文分序言和定义、原则与目标、方法与手段3部分。序言中首先阐述了由于社会的工业化进程,许多地区面临物理退化,破坏甚至毁灭,而对此种情况国际遗址理事会认为有必要为历史城镇和城区起草一份国际宪章作为《威尼斯宪章》的补充。本《宪章》确定了哪些建筑物必须保存,哪些建筑物在一定条件下可以拆毁,并制定了相关法律行政措施。当需要修建新建筑物或对现有建筑物进行改建时,应尊重现有建筑物的空间布局和风格,尽量保持一致,对于历史城镇和城区内的交通必须加以控制,必须划定停车场,以免损坏历史建筑物。修建公路不得穿越历史城区。鼓励全民参与,制定普遍信息计划,从学龄儿童开始,对于与保护有关的专业应专门培训。

15.《考古遗产保护与管理宪章》(1990年10月1日)

《考古遗产保护与管理宪章》(以下简称为《宪章》)是1990年10月在洛桑召开的国际古迹遗址理事会全体大会第九届会议上通过的。考古遗产构成是记载人类过去活动的基本材料。对这种遗产的保护不能仅仅依靠适用考古学的方法,它需要较广泛的专业和科学知识与技能基础。考古遗产的保护必须依靠各学科专家的有效合作，本《宪章》规定了有关考古遗产管理不同方面的原则，其中包括公共当局和立法者的责任，有关遗产的勘察、勘测、发掘、档案记录、研究、维护、保护、保存、重建、信息资料、展览以及对外开放与公众利用等的专业操作程序规则以及考古遗产保护所涉及的专家之资格等。本《宪章》对考古遗产进行了概念的界定，并强调考古遗产是一种容易损坏，不能再生的文化资源，因此应把对考古遗产的破坏减少到最低限度。考古遗产的保护应看作是全人类的道德义务，它是民众的一项集体责任，此项义务必须通过相应的立法以及支持遗产有效管理计划的足够资金的规定加以确认。如果立法仅仅只对那些登记在法定财产清单中的考古遗产的某些部分提供保护，对没有受到保护或新近发现的古迹和遗址必须制定暂时保护规定。考古财产清单构成了科学研究的主要数据库，因此编制考古财产清单应被认为是一个不断变化的过程。收集考古遗产的资料不应更多地毁坏考古证据，在实践当中，非破坏性技术、空中的地面勘测取样等方法与全面发掘相比，应更加鼓励使用前者。考古遗产管理的总体目标应是就地保存古迹和遗址。包括对一切相关的记录和藏品等进行适当的长期保护与保管，而不应局限于那些比较著名并引人注目的遗址。在可能和适当的情况下，重建不应直接建筑在考古遗址之上。在各个不同学科拥有至高学术水平对考古遗产的管理极为重要。应创建国际机构，为从事考古遗产管理的专业人员交流信息和经验提供平台。组织开展地区性和全球性的研讨会。

附件 2

阶段性成果目录

1.《中国农村文化遗产保护综合评价研究》,融入总报告。

2.《新农村建设中的文化保护问题及对策——以天津农村为代表兼及全国》,民盟中央调研报告,2007 年 12 月提交。

3.《构建农村公共文化服务体系与文明社会和谐发展》,《天津大学学报》(社科版)2008 年第 5 期。

4.《新农村建设中的文化遗产保护与文化创新》,《天津行政学院学报》2007 年第 4 期。

5.《政策体系是转变文化发展方式的根本点》,《中国社会科学报》2011 年 10 月 18 日第 19 版。

6.《新农村文化遗产保护体系的创新与发展》,《南方论丛》2007 年第 2 期。

7.《文化创新与构建有中国特色新文化体系》,《天津大学学报》(社科版)2008 年第 3 期。

8.《面对金融危机的中国文化创意产业创新》,《国家行政学院学报》(国家级期刊)2009 年第 3 期。

9.《文化软实力与中华文化复兴》,《天津大学学报(社科版)》2010 年第 4 期。

10.《我国农村文化保护的法律机制与管理体制创新》,融入总报告。

11.《国际文化大国文化保护的经验——以法国、意大利、日本为例》,融入课题报告。

12.《天津市支持民营文化产业发展的政策创新研究》,2012 年提交天津统战部、宣传部。